시작이
확신이
될 때

시작이
확신이
될 때

나를 특별하게
만드는 커리어

진정태 지음

이즈컴

추천의 글

이 책을 읽는 분들에게

장수아 – 나이키 코리아 인사 상무

인사부 책임자로서 직원을 채용하고 교육 및 개발하는 일은 매우 중요하고 기업 경영의 근간이 되는 일이다. 특히나 글로벌 회사에서 인재를 교육하고 개발하는 일을 할 때, 때로는 국내의 유능한 직원을 선별하여 글로벌 본사나 해외 지사로 파견을 보내기도 하고, 반대로 외국의 직원을 한국에서 근무하게 하는 일들을 주관하여 맡게 된다. 그리고 이러한 추세는 점점 더 증가하고 있다. 회사에서 중요한 인재를 다양한 국가에 배치하고 글로벌 비즈니스 능력을 계발하게 만드는 일은 매우 중요한 프로젝트이다. 이러한 중요한 의사 결정을 하게 될 때 가장 중요하게 염두에 두는 것은 바로 글로벌 인재(Global Talent)로서의 잠재력이나 역량이 있는 사람인가? 가 매우 핵심적인 가치 판단의 기준이 된다.

글로벌 인재의 적합성을 보는 데에는 네 가지 지적 역량 요소가 중요한 판단 요건이 된다. 바로 개인 지성(Individual Intelligence), 사회적 지성(Social Intelligence), 사업적 지성(Business Intelligence), 마지막으로 문화적 지성(Cultural Intelligence)이다. 종합적으로 모든 요소를 고려해야 하지만, 이 네 가지 요소 중 가장 특별하게 시간을 투자하여 관찰해야 하는 것은 바로 문화적 지성(Cultural Intelligence)이다. 그 이유는 다른 세 가지의 요소는 비록 현재 겸비하고 있지 않다고 하더라도 일을 하며 경험하고 배우면서 어느 정도 기본적 능력을 갖출 수 있게 된다. 그러나 문화적 지성의 경우는, 본인이 평생을 살아오며 체득된 한국의 문화와 비교적 짧은 기간 동안 경험한 다른 외국 문화와의 균형을 찾는 능력이다. 상호 간의 차이점을 발견하고 수용하며 나아가 더욱 합리적인 방향으로 만들어 가는 것은 단순한 배움으로 터득하기란 매우 어려운 문제이기 때문이다.

대부분의 경우에 있어 많은 사람은 이러한 문화적 차이에 대해 새롭게 아는 것에 심취하거나, 무조건 외국 문화를 따라 하려는 경향을 보이며, 글로벌한 문화적 지성을 균형 있게 갖추는 데 어려움을 겪는 일을 종종 보게 된다. 그래서 진정한 '글로벌 인재'는 문화적 차이를 알고 깨닫는 것뿐만 아니라, 더 나아가서 매사에 장기적인 관점을 갖고 내가 가진 문화적 소양과 지식을 외국 문화와 접목하여 '나 자신(Myself)'과 '나의 문화(My Culture)'를 개인 브랜딩화하여 시너지를 최대한으로 만들어 갈 수 있는 능력을 갖춘 인재라고 정의 할 수 있을 것이다. 이러한 의미로 볼 때 나는 이 책의 저자인 진정태 대표가 진정한 글로벌 인재라고 생각한다.

20여 년 전, 대부분의 입사 지원자들이 획일화된 이력서와 자기소개서를 지원서류로 제출할 때, 그는 자신의 장기적 비전을 주제로 나이키 브랜드에 관한 열정이 담긴 에세이를 만들어 기존의 틀에 박힌 형식에 익숙했던 나이키 인사부에 매우 참신하고 특별한 새로움을 일으켜 주었다. 그는 평소 '외유내강'인 성격으로 차분하고 담대하게 본인만이 가진 재능과 가치를 꾸준히 계발하여 왔고, 지난 20여 년 동안 다양한 글로벌 회사에서 중요한 역할을 맡아오며 자신만의 고유한 브랜드를 만들어 그 어떤 글로벌 리더와도 어깨를 나란히 수 있는 진정한 글로벌 리더로 성장하였다.

그동안 인사부 책임자로서 여러 나라에서 근무하면서 한국인이 해외 글로벌 비즈니스 환경에서 실패하기도 하고 또 성공하는 경우들도 많이 보아왔다. 그들 중 '성공'한 글로벌 인재의 가장 의미 있는 롤모델이 이 책의 저자라고 말하고 싶다. 실로 이러한 소회를 함께 나눌 수 있어 고맙기도 하고 무엇보다 절친한 선배이자 동료로서 매우 자랑스럽고 기쁘다.

이 책은 해외 업무와 관련된 일을 하거나, 현재 외국계 회사에서 근무하고 있고 또 앞으로 그러한 목표를 가진 사람들에게 필요한 지침서로서 매우 추천하고 싶은 책이다.

책을 읽는 많은 이들의 새로운 시작을 응원한다.

나이키 코리아 인사 상무 **장수아**

프롤로그

이 책을 전하며

개인 가치 창출(Individual Value Creation)

이 단어는 현대의 트렌드를 대표하는 단어 중 하나일 것이다. 이 시대를 살아가는 우리에게 글로벌 경제 환경의 변화에 따라 새로운 삶의 관점이 요구되고 있다.

최근 헤럴드 경제에 따르면 "어린이들의 장래 희망으로 크리에이터(1인 방송 제작자)가 15.3%로 가장 높게 나타났으며, 교사(14.1%)와 의사(12.6%), 연예인(8.8%) 등이 그 뒤를 이었다. 그 외 기타 장래 희망으로는 웹툰 작가, 프로그래머, 쉐프, 네일 아티스트 등이 그 뒤를 이었다. 반면 응답한 어린이들의 학부모들은 자녀의 직업으로 교사(21.2%)를 가장 선호했으며, 의사(18.5%), 공무원(17.6%), 크리에이터(11.1%), 법조인(7.1%), 연예인(2.6%)이 그 뒤를 이었다."

'CREATOR'라는 말은 무엇을 의미하는가? 'CREATE'는 라틴어의 'Produce and Grow, 즉 창출하고 성장시키다'라는 뜻을 가진다. 그렇기 때문에 'CREATOR'는 각 개인의 고유한 정체성을 창조함으로써 개인의 가치를 창출(value creation) 하는 직업관의 변화를 이야기하는 것이다.

지금의 사회는 파괴적 혁신, 공유 경제, 개인화 등의 현상들로 설명할 수 있을 것이다. 즉 개인의 경험과 스토리가 각 개인의 브랜드 가치를 창출하고 있다. 이러한 변화로 인해서 이 시대가 요구하는 직업 양식은 개개인이 원하고 열정을 쏟는 일 안에서 스스로의 가치를 상품화하는 것이 될 것이다. 인터넷의 폭발적인 성장, 페이스북, 트위터 등 SNS의 보급, 스마트 폰의 보편화로 개인의 힘은 점점 더 증대되고 있다. 개인의 힘이 강해졌다는 현상은 누구나 자신의 능력을 발휘할 기회를 더욱더 보편적으로 평등하게 갖게 되었다고 말 할 수 있는 것이다.

글로벌 공유 경제 시대에는 개인의 고유한 가치가 더욱 주목받는다. 이 시대에 맞추어 우리에게 요구되는 직업론은 무엇인가? 이 책은 개인의 가치 창출을 위해 유튜브나 소셜 미디어를 통해 개인의 브랜드를 상품화해야 한다는 개인 경제 활동의 중요성을 말하려는 것이 아니다.

자기 능력의 개발을 위해 더욱 발전적 환경에서 함께 일을 할 때 가치 창출이 확장된다는 것을 말하려는 것이다. 개인이 가진 가치관과 성격 및 재능은 모두 다르므로 개개인이 만들어내는 지식과 정보를 생산하고 공유하는 것은 매우 가치 있는 일이다. 그러나 개인의 능력과 재능은 유한하다. 그러므로 끊임없이 개발하고, 향상시키며 체계적으로 성장해 나가는 과정이 필요하다.

나 자신이 가진 재능과 가치는 전 세계 글로벌 사업 환경에서 다양한 인재들과 함께 일하며 더욱 개발되고 커다란 가치로 재창조된다. 이는 해외에서 근무하는 일부 극소수만이 경험할 수 있는 것이 아니고, 우리나라의 글로벌 회사에 근무하는 직원들에게 있어서도 세계 여러 나라에서 더욱더 성장해 나갈 기회가 열려 있다. 우리가 그러한 목표를 향해 나아간다면 우리 미래의 가능성은 더욱 커지고 발전되어 갈 것이다.

이 책을 통해 글로벌 경제를 살아가는 우리에게, 자신이 직접 발견하고 개척해 나갈 수 있는 글로벌 시장의 고용 기회 및 직업적 가치의 중요성을 공유하고자 한다. 아울러 글로벌 시대의 인재로 성장하기 위해 내가 직접 글로벌 리더들로부터 얻은 경험, 노하우 그리고 커리어의 방향성을 함께 전달할 것이다. 기존의 취업 프레임을 벗어나 새 지평을 열어갈 수 있는 나만의 원더풀한 인생의 루트를 만들어 가는 데 필요한 도움이 되었으면 한다.

지난 20여 년간의 글로벌 다국적 기업에서 얻은 경험과 배움을 통해, 처음으로 사회에 입문하거나 더욱 발전적인 커리어를 만들어 가고자 하는 사람들에게 의미 있는 울림을 전하고 싶은 마음으로 글을 쓰기 시작했다. 수많은 내적 외적인 도전 속에서 때로는 시련과 좌절을 겪으며, 때로는 성공의 성취감과 새로운 꿈을 키우며 자신을 단련해온 시간이었다. 그 속에서 나를 지켜주고 이끌어 온 힘은 정체되거나 소멸하지 않는 '나만의 목표'였다.

20년 전 '나이키'라는 세계적 브랜드에서 첫 커리어를 시작하며 내가 꿈꾸었던 목표는 한국뿐만이 아닌 아시아 지역 그리고 글로벌 본사로 나아가 나를 성장시키고 글로벌 브랜드에서 한국인으로서 존경받는 리더가 되는 것이었다.

그 목표는 뚜렷한 방향성으로 끊임없이 나의 부족한 부분을 채우고, 습득한 경험을 강점으로 만들어가는 과정의 연속이었다. 내가 목표로 하는 곳에 이르기 위해서는 작은 목표들이 필요했다. 그러한 작은 목표의 점들이 연결되어 내가 궁극적으로 목표로 하는 곳에 다다를 수 있었다. 지금도 나는 '새로운 목표'를 찾아가고 나 자신을 더욱 새롭게 만들어 가는 과정에 있다. 이 과정은 끊임없이 이어질 것이다.

목표를 포기하지 않고 추구하기 위해서 가장 필요한 것은 '나에 대한 사랑'이다. 사랑은 연속적이다. 내가 내 가족을 사랑한다고 정의할 수 있는 것은 특별한 순간이나 이벤트로 만들어지는 것이 아니다. 매일매일 함께 살아가며 같은 마음, 같은 표현, 같은 공감을 통해 쌓이는 것이다. 그 총체적인 감정을 느낄때 사랑이라 말할 수 있다. 내가 하는 일도 같은 원리이다. 내가 열정을 갖고 목표로 하고 성취감을 느끼는 일을 하루하루 만들어 갈때 "나는 내일을 사랑한다"고 말할 수 있을 것이다.

여기에 끝은 있을 수 없다. 내가 사랑하는 가족을 소중한 가치로 여기듯이, 내가 성취하고 싶은 일들 또한 소중한 가치가 되어야 진정 내가 사랑하는 일이라 할 수 있을 것이다. 그러기 위해서는 나 자신을 즐겁게 자극하고 끊임없이 발전적인 새로움을 추구해야 한다.

내가 소망하는 일에 더욱 열정과 재미를 더할수 있는 시간을 만들고, 그것들을 함께 공유하여 더 큰 즐거움을 얻을 때 나의 목표는 행복으로 이어질 수 있다.

많은 사람은 지금 내가 일하고 있는 자리가 아닌 새롭거나 다른 곳을 동경한다. 그 이유는 지금 내가 사랑하고 원하는 일을 하고 있지 않고, 내가 만족하고 행복할 수 있는 일은 다른 곳에 있다고 생각하기 때문일 것이다. 이 순간 내가 해야 할 일은 다른 새로운 곳을 동경하며 지금의 자리에서 탈출하거나 벗어나려고 하는 것이 아니라, 지금의 나의 일을 앞으로 내가 원하고 사랑하는 일을 할 수 있는 목적지로 가는 통로가 되도록 만들어 가는 것이다.

앞으로 전개될 본론에서는 나의 인생에 있어 내 커리어의 목표가 되었던 글로벌 브랜드에서 내가 직접 체험하고 느꼈던 생생한 일화들을 소개하며, 재미있는 스토리로 펼쳐 나가고자 한다. 글로벌 브랜드에서 일을 하였던 경험은 살아있는 배움의 현장이자 나의 성장을 이끌어 주었던 원동력이 되었다. 나이키에서 꿈에 그리던 에어 조던 농구화의 마케터로서, 리복에서 티에리 앙리의 축구 캠페인과 우먼 피트니스 캠페인을 전개했던 브랜드 디렉터로서, 그리고 타코벨을 한국 및 아시아 시장에 론칭시킨 글로벌 프랜차이즈 브랜드 아시아 대표로서의 경력은 나에게 도전과 실패 그리고 성취의 연속이었다.

그러한 경험은 누구에게나 존재하지만, 나만이 갖는 특별한 경험의 순간이기도 하다. 이러한 순간들은 나를 주목받게 하여 주며, 더 큰 사람으로 만들어 줄 기회이다.

그러한 기회는 내 삶에 있어 매우 결정적인 장면이 될 수 있고, 나의 삶을 더욱 특별하게 만드는 순간이 될 수 있다. 여러분의 삶 가운데 자신만의 특별한 순간을 의미있게 맞이하길 바라며 이 책을 시작한다.

차례

'시작이 확신이 될 때'
나를 특별하게 만드는 커리어

추천의 글 _ 05
프롤로그 _ 09

On Stage SHOW TIME! _ 19

PART I

1. '내가 일을 하는 이유'
: 내가 사랑하는 나의 일

- 브랜드와 나 _ 26
- 나는 왜 일을 하는가? _ 32

2. '시작이 확신이 될 때'
: 나를 특별하게 만드는 순간

- 나이키 인터뷰 – Just Do It 열정은 나를 크게 만든다 _ 42
- 타코벨 인터뷰 – 시도하기 전에는 아무것도 알 수 없다 _ 56

3. '월드 클래스는 다르다'
: 나를 일깨운 특별한 레슨

- 리복(REEBOK) – POSITIVE THINKER _ 78
- 고어텍스(GORE-TEX®) – POWER LISTNER _ 86
- 얌 브랜즈(Yum! Brands) – ICON SPEAKER _ 96

'시작이 확신이 될 때'
나를 특별하게 만드는 커리어

PART II 1. '내가 원하는 곳에서 일하기'
: 나만의 특별한 회사 찾기

- 글로벌 리그의 기회 _ 108
- 글로벌 기업을 찾는 눈 _ 116
- 글로벌 기업 문화의 이해 _ 126

2. '내가 만드는 시간'
: 나만의 특별한 커리어 만들기

- 내가 일하고 싶은 기업 _ 138
- 회사가 채용하고 싶은 인재 _ 146
- 장기적 로드맵 _ 152
- BE A STORY-TELLER _ 158

에필로그 - 이 책을 마무리하며 _ 164

•

On Stage – SHOW TIME!

긴장이 엄습하는 매 순간 마음속으로 되새기는 말이 있다.

'SHOW TIME!'

이제 곧 저 방의 문이 열리면 이 회사의 최고 글로벌 책임자와 만나게 된다.

글로벌 포춘 100 기업의 최고 인사 책임자로 수십 년간 전 세계 수많은 핵심 인재들을 채용하고 성장시켜온 인재 개발의 끝판왕.

그와의 일대일 만남을 생각만 해도 호흡이 점점 가빠진다.

이 순간 가장 필요한 것은 무엇일까?

용모를 가다듬고 물어 올 질문의 답을 생각하면서 이어질 대화들을 생각해보면 불안감은 더해진다. 망설이거나 불안해할 시간은 없다. 이제 현실과 마주할 시간이다.

"나 자신에게 집중하자. 나 자신에게… 이 시간은 나의 모든 것을 보여주고 이끌어 갈 나만의 게임이다."

7개의 글로벌 브랜드. 마케팅 총괄 책임자(CMO). 아시아 태평양 사업부 대표(APAC Managing Director). 22년간 글로벌 300대 기업을 근무하며 만들어 온 내 커리어 로그.

이러한 자리에 오르기까지 수많은 도전과 기회가 내 앞에 찾아왔고 나를 지나갔다. 나는 도전과 기회의 순간을 마주할 때 어떠한 모습이었을까? 나는 내 삶의 모든 과정을 기억하지 못한다. 하지만 기회의 순간마다 어떠한 마음으로 준비했는지, 어떤 자세로 면접을 이끌어 갔는지, 내가 가진 진실한 가치를 어떻게 표현했는지를 생생하게 기억하고 있다. 또한 이러한 노력의 결과가 지금의 삶에 성장이라는 보상을 주었다는 것도 확신한다.

저성장 시대, 스펙과 학력의 인플레이션, 낮아지는 취업률… 젊은 인재들이 펼쳐 나갈 세상은 좁고 기회는 점점 줄어들고 있다.

초 경쟁 시대를 살아가는 우리는 어떻게 자신만의 진로를 개척해 갈 수 있는가? 꿈과 목표를 이루어 줄 진정한 일은 어디에서 찾을 수 있을까? 분주한 생업과 삶 가운데에서 이러한 질문들은 우리가 해결하지 못한 숙제이다.

나는 청년들에게 꿈과 희망을 전하는 행복 전도사도, 자기 계발 전문가도 아니다. 대치동 스타 강사는 더더욱 아니다. 하지만 나는 청년 시절의 꿈을 삶으로 만들었으며 글로벌 전문가로 성장하고 있다. 앞으로의 이루어 갈 꿈이 있다면, 과거의 나와 같이 꿈꾸는 젊은이들이 비전을 힘차게 펼쳐 나갈 수 있도록 돕는 최고의 비전 스피커의 역할을 감당하고 싶다. 그러기 위해 현재 글로벌 시장을 가슴에 품은 젊은 인재들에게 글과 열린 대화의 플랫폼으로, 그리고 직접 찾아가 소통하고자 노력하고 있다.

우리가 하루하루 치열하게 사는 이유는 무엇일까? 이것은 언제 찾아올지 모르는 기회 때문이다. 기회는 준비된 사람들에게는 마치 선물과도 같은 기쁨으로 다가오지만 준비되지 못한 사람에게는 깊은 안타까움과 후회로 남기도 한다.

원하고 이루고자 하는 나만의 길을 만들기 위해서는 기회를 맞이할 준비를 해야 한다. 준비된 삶은 세상에 단 하나뿐인 각자 자신의 브랜드가 될 것이다.

이 글을 읽고 자신의 라이프 브랜드를 만들어 가기를 원하는 젊은 인재들에게 힘과 응원을 전한다.

> "
> Your time has come.
> Your stage is on.
> "

PART I

1.

'내가 일을 하는 이유'
- 내가 사랑하는 나의 일

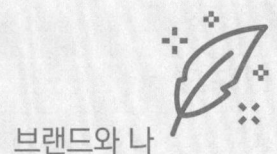
브랜드와 나

우리는 왜 존재하는가?

　철학적이면서도 어떻게 보면 종교적으로 들릴 수도 있는 질문이다. 난해해 보이는 이러한 질문을 기업들에 한다면 어떨까?
　우리 회사, 우리 브랜드는 왜 존재하는 것일까? 우리가 제품을 만들고 유통망을 통해 영업과 마케팅을 통해 판매하는 이유는 무엇일까?
　이러한 질문에 있어 기업은 자신들이 믿고 표방하며 따라야 할 신념과 사명을 정의하고, 이에 따라 기업활동을 영위하며 이를 믿고 소비하는 고객들과의 약속(Brand Promise)을 지켜나가야 한다.

- 우리 회사를 존재하게 만드는 이유는 무엇인가?
- 우리 회사와 직원 그리고 고객을 행복하게 만드는 이유는 무엇인가?
- 앞으로도 그러한 가치를 더욱 발전시킬 수 있는 원천은 무엇일까?
- 우리는 그러한 '브랜드 가치' 안에 살고 있는가?

위의 물음에 대해 명확한 답변을 하고 있지 못한다면, 그러한 브랜드는 아마도 시장에서 성공하지 못하고 고전하고 있거나 이미 소비자들의 기억 속에서 사라진 회사로 현재까지 생존하지 못했을 가능성이 크다.

대부분 떠올리게 되는 쉬운 답들은 있다. '이윤을 추구하기 위해' 혹은 '더 싸고 좋은 제품을 만들기 위해' 등의 답변을 흔히 들어보았을 것이다. 하지만 그것은 기업이 존재하는 목적이 아니다. 단지 결과일 뿐이다. '왜 존재하는가?'라는 질문이 요구하는 것은 이유, 목적, 신념에 관한 것이다.

대개의 조직, 사람들은 생각하고 행동하고 의사소통을 할 때 '결과'나 '방법'을 먼저 떠올리고 시작한다. '무엇'이나 '어떻게'가 보다 더 명료하고 현실적인 것으로 생각하기가 자연스럽다. 예를 들면

"우리는 올해 작년보다 10% 이상의 매출 성장을 이루어야 하고 그러기 위해서는 새로운 유통 채널을 더 확장해야 해."라는 식의 매우 익숙한 얘기들을 회사에서 근무하며 많이 들어 보았을 것이다.

그러나 성공한 기업들은 그렇지 않다. 그들이 존재하는 이유는 '결과'나 '방법'보다 우선시되고 확실 명료하다. 기업이 존재하는 이유는, 바로 그 기업의 경영 신념과 목표를 담고 있고 기업이 하는 모든 활동의 근간이 되는 철학에 근거한다. 그러한 기업의 신념이 뚜렷하고 명확해야 그 회사가 앞으로 나아가야 할 경영 방향과 기업 구성원들의 행동 양식이 결정되고 독자적으로 고유한 문화 형태로서 강력한 브랜드가 만들어질 수 있다.

전세계에서 가장 성공한 브랜드의 대표라고 할 수 있는 애플의 예를 들어 살펴보자. 애플은 'Think Different'라는 브랜드 슬로건 하에 "세상에서 가장 혁신적이고 심플하며 사용자에게 가장 편리한 제품을 만들어 낸다."라는 브랜드 사명을 갖고 전 세계 전자제품 시장에서 역사를 바꾸는 획기적인 제품들을 창조해왔다.

애플은 많은 소비자가 내가 원하는 음악을 가장 혁신적이고 편리하게 그리고 가장 심플한 디자인으로 즐길 수 있도록 MP3를 만들었다. 그 당시 국내 MP3 브랜드는 '아이리버'였고 이 제품은 2002년 출시되어 전 세계적인 큰 호응을 얻으며 800억 매출로 시작해 4,500억까지 5배 이상 성장하며 전 세계 MP3 시장을 호령하였다. 2000년대 중반만 하더라도 아이리버의 역사는 휴대용 디지털 뮤직 플레이어의 시초와 같았다. 2002년에는 MP3 파일과 일반 CD를 동시에 재생하는 MP3 플레이어를 만들었다. 역시 세계 최초였다. 2004년에는 1억 달러 수출의 탑도 수상하며 전 세계적인 성공 신화를 만들어 갔다.

그러나 순식간에 맞은 영광도 잠시뿐이었다. 애플은 2001년 '아이팟'을 출시하며 '주머니 속의 나의 노래 1,000곡'이라는 캐치 프레이즈를 내걸며 새로운 혁신의 서막을 시작했다.

애플은 그해 4월 '아이튠즈' 뮤직 스토어를 오픈하며 기기를 접속하는 것만으로 손쉽게 음원을 검색하고 구매할 수 있는 새로운 플랫폼을 전세계 시장에 내놓았다. 이를 통해 소비자는 장당 1만 원에 달했던 음반을 사지 않고도 곡당 0.99달러의 가격으로 자기가 원하는 곡을 마음껏 다운로드할 수 있게 되었다.

새로운 음악 생태계를 창조해 낸 회사가 산업의 새로운 재편과 마켓 이니셔티브를 가져간 건 당연할 결과였다. 이러한 아이팟/아이튠즈를 통한 애플의 무서운 시장 혁신은 '미니'시리즈로 가격 경쟁력까지 갖추게 되었고 이를 뒤따르려 했던 경쟁자들이 미처 새로운 준비를 할 틈도 없이, '아이폰'이라는 스마트폰을 출시하며 인류 기술 혁신의 역사적 전환점을 창조하게 되었다.

애플은 자신들만의 브랜드 정체성을 바탕으로 새로운 솔루션을 창조해가고 있으며 전 세계 소비자들은 이에 열광하고 있다. 애플의 힘은 다른 경쟁자들이 말하는 제품의 사양이나 가격 품질 등 보여지고 제공되는 '무엇'에서 오지 않는다. 애플의 근원은 '왜 애플은 존재하는가?'라는 브랜드 철학 가치에 근거한다.

애플은 컴퓨터 회사가 아니다. 그들은 현실에 의문을 제기하고 도전하며, 더욱 편리하고 최적화된 디자인으로 고안된 제품을 만드는 회사이다. 애플은 2007년 법인 명칭을 본래 애플 컴퓨터 Apple Computers, Inc. 이던 것을 애플 Apple Inc. 로 변경했다. 더이상 컴퓨터 회사에 머무르지 않고 그 너머를 지향할 것임을 천명하는 의미였다.

1970년대 후반 회사가 설립된 이래, 애플은 자신들의 브랜드 사명을 단 한 번도 바꾸지 않았다. 어떤 제품으로 어떤 업계에 진입하든지 애플에 있어서 '존재의 이유'는 항상 한결같고 동일한 미션이다. 그들에게 현실은 넘어야 할 도전이자 새로운 가능성이다.

나는 왜 일을 하는가?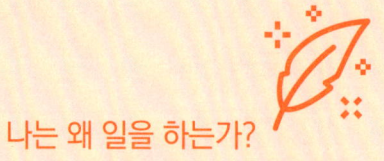

삶이란 계속되는 '왜'라는 질문의 답을 찾아가는 과정이다.

우리의 삶은 끊임없는 도전과 그에 대한 응답 그리고 선택의 연속이라 할 수 있다. 돌이켜보면 어려서부터 크고 작은 사건들과 도전적인 상황 그리고 그에 대한 나의 선택과 행동을 통해, 때론 아프게 배우고 때론 잊지 못할 즐거운 경험을 하며 지금의 내가 되었다. 그리고 지금 이 순간도 끊임없는 선택의 요구 속에서 나를 성장시켜 가고 있다.

- 나는 왜 학교에 다니며 공부를 하는가?
- 나는 왜 대학에 진학해야 하는가?
- 나는 왜 취직해야 하는가?
- 나는 왜 지금의 회사에서 이러한 일을 하고 있는가?
- 나는 행복한가? 아니면 불행한가?

위의 질문들은 우리가 살아가며 모두 한 번씩 아니 그보다 훨씬 더 많이 생각해 보았을 중요한 질문들이다. 쉽지 않은 질문이고 우리의 삶에 매우 중요한 질문이기도 하다.

이러한 질문에 일반적으로 우리는 나 스스로가 생각하고 결정할 수 있는 주체적인 의식보다 가족, 친지, 친구 등 주변에 의해 더 많은 영향을 받으며 그에 대한 답을 찾으려 노력하고 선택하며 살아왔음을 부인하기 어려울 것이다.

보다 더 안정적인 직업을 가질 수 있는 학교와 학과에 진학하고, 더 풍요로운 삶을 누리게 할 수 있는 직장에서 성공을 이어가며, 더 행복한 가정을 꾸리고자 열심히 달려가고 있다.

물론 이처럼 아무런 문제 없이 성공 가도를 이어가며 자기가 원하는 삶을 살아가고 있는 사람들도 적지 않게 볼 수 있다.

그들 대부분은 자신만의 목표와 동기를 잃지 않고 끊임없이 정진해왔으며 그러한 결과로 현재의 행복을 누리고 있다고 할 수 있을 것이다. 그러나 반대로 또 다른 많은 사람은 그와 같은 삶은 꿈일 뿐, 내 현실과는 너무 멀다고 여기며 괴리감과 좌절감 속에서 살고 있음이 우리 현실의 비극이기도 하다.

이제 주위에서 보고 듣는 남들의 삶이 아닌 나의 삶을 바라보자. 앞으로의 나의 삶은? 지금과 같을 것인가 아니면 새로운 변화의 삶이 나를 기다릴 것인가? 우리는 모두 행복해지고 싶고 우리 삶이 다하는 날까지 그 행복이 함께 하기를 소망한다.

나는 위의 질문에 대해 우리가 다른 사람들이 지금까지 관습적으로 부여해온 '남들 보기에 좋은' 상대적 삶의 가치가 아니라, 내가 열망하며 나를 행복에 이르게 할 수 있는 가치를 찾아 나가기를 진심으로 바란다. 그러한 가치는 내가 나로서 살아가는 존재 이유가 될 것이고 그 필연적 가치가 나를 행복한 삶으로 이끌어 줄 수 있을 것이라 믿기 때문이다.

내가 지금 진실로 하고 싶고 나를 더욱 즐겁고 생명 넘치게 하고, 더 많은 사람과 이러한 삶을 함께 나눌 수 있는 일이 나에게 있는가? 그 일은 무엇인가? 나는 그 일을 하고 있는가? 그렇지 않다면 지금 그 목표로 가기 위한 길 위에 있는가?

이러한 근원적인 질문에 대한 진실한 답은 바로 나만의 주관적 가치와 열정 그리고 믿음에서 찾을 수 있다.

지금까지 여러 기업에서 근무하는 동안 많은 동료 선후배들과 함께 일해오며 다양한 교류와 대화를 나누었다. 그러한 시간 속에 나는 아주 극소수의 사람들에게서만 "나는 지금 내가 하는 일을 정말 사랑하고 내 일은 나의 삶을 행복하게 만든다."라는 답을 들어왔다. 대부분의 사람들은 정작 "내가 정말 하고 싶은 일이 무엇인지 모르겠고 구체적으로 생각해 본 적도 없다."라며 현실의 한계에 부딪혀 내가 원하는 것이 무엇인지 깨달을 시간이 없었음을 운명처럼 받아들이고 살아왔다. 평생 학교와 직장에서 성실히 살아온 우리는 "해야만 한다"라는 의무적 교육과 압박 속에서 "하고 싶은 일"을 포기해 버리고 살아왔는지도 모른다. 자신이 정말로 하고 싶은 일을 찾아 살아가기보다는 해야만 하는 일들을 반복해서 해오다 보니 나 자신의 꿈과 욕망을 억제하는 습관에 길들어 왔고 "해야만 하는 일"들에만 집중하며 살아왔다.

대학을 졸업하여 회사에 취직하고 가정을 이루며 살아가고 있는 대부분의 우리는 '내가 하고 싶고 이루어 내고 싶은 일' 보다는 '해야만 하고 앞으로도 해야 할 일'이라는 통상적인 개념을 가지고 살아간다. 이러한 현실이 잘못되거나 불행한 일이라고 생각하지는 않는다. 앞으로의 노후를 생각하고 우리의 생계를 이어가며, 가족을 위해 가장 보편적이고 안전한 방법을 선택하며 살아가는 본능에 따를 뿐이다. 그러나 다른 한편으로 생각해 본다면, 내가 지금 하는 일이 나를 매일 가슴 뛰게 하고 열정을 불어 넣어주며, 앞으로도 더욱 많은 것을 성취해 갈 수 있다는 희망과 함께 한다면 우리의 삶은 더욱 풍요로워지지 않을까 생각한다.

앞서 우리는 기업이 존재하는 이유에 관해 애플의 사례를 통하여 기업의 존재 이유와 그 회사가 이루고자 하는 신념 및 철학을 살펴 보았다. 그렇다면 그러한 기업에서 일하는 직원들은 어떠할까? 회사의 신념과 철학에 그들도 같은 가치와 같은 목적의식 그리고 동일한 사명감으로 일을 하고 있을까? 내가 일을 하는 이유가, 우리 회사의 사명을 공유하고 그 일을 이루어 나가는 일원으로서 함께 할 수 있다면, 그러한 기업과 그 회사의 임직원들은 보람 있고 가치 있는 사업과 삶을 영위하고 있을 것이다.

기업이 존재하는 이유에 대하여 강렬하게 인식하고 있는 기업은 자신의 직원들에게 커다란 영감과 동기 의식을 불어넣는 것을 보게 된다. 그런 기업에서 일하고 있는 직원들은 생산성도 높고 더 혁신적이기도 하다. 그리고 일터에 퍼진 이러한 분위기는 외부의 사람들에게도 전파되어 그 기업을 좋아하는 소비자들에게까지 그 회사에서 일하고 싶게 만드는 열망을 심어준다.

실제로 내가 근무했던 '나이키'의 본사 직원들은 항상 브랜드의 존재 이유와 가치를 뚜렷이 이해하고 공유하고 있으며, 브랜드가 추구하는 비전과 사명, 그리고 영감을 고객들에게까지 전달하는 '브랜드 앰버서더'로서의 역할을 자발적이고도 헌신적으로 수행해가고 있다.

그들은 브랜드 로고를 자신의 신체에 문신 형태로 남기기도 하고, 건강한 삶과 스포츠를 지향하며, 회사가 추구하는 가치를 일상 업무에서 적용하고 실천으로 이어 나간다.

나이키의 브랜드 비전은 '세상의 모든 운동선수에게 혁신적인 기술과 최고의 선수로서의 영감을 불어 넣어준다.'라는 신념과 철학을 갖고 있으며, 여기서 정의하는 운동선수의 개념은 프로페셔널 선수들을 포함한, 신체를 가진 사람으로 스포츠 정신을 가진 모든 일반인을 포괄한다. 이러한 브랜드 철학과 가치를 공유하는 직원들은 자신들이 회사에 근무하는것에 자부심을 느끼고 그러한 가치를 창출하는 일원이 되는 것에 비교할 수 없는 의미를 갖는다.

이러한 직원들은 단순한 금전적 보상이나 더 좋은 근무 환경 등의 수단이 자신의 목적을 대체할 수 없다는 확고한 믿음을 갖게 된다. 비슷한 신념과 목적의식을 가진 스포츠 브랜드는 여전히 존재한다. 그러나 나이키에서 근무하는 충성직원들은 이미 브랜드가 지니고 있는 진정성을 공감하고 소유하고 전파하는 브랜드 전도사로서의 사명이 있기에 다른 브랜드에서 더 좋은 조건을 제시하여도 쉽게 이직하지 않는다. 그것은 브랜드가 가진 사명이 곧 자신의 사명이고, 나는 그러한 사명을 실현하는 일원으로서 근무한다는 신념을 갖고 있기 때문이다.

앞으로 펼쳐질 다음 장에서는 내가 사회에 진출하여 나의 꿈과 비전을 함께 발전시켜 나간 글로벌 브랜드에 관한 스토리와 함께 실제로 근무하며 경험했던 일들을 흥미로운 방식으로 전개해 나가 보고자 한다. 많은 경우에, 도전과 선택의 순간은 나에게 새로운 '시작'을 의미하였고 그러한 시작에 '확신'을 갖고 싶었다. 시간이 지난 후 돌아볼 때에야 쉽게 얘기를 할 수 있지만, 그 당시에는 매우 어렵고 불안한 결정의 순간들도 있었다. 다만 그러한 모든 순간은 나를 빛나게 하고, 나를 특별하게 만들 수 있는 순간임을 믿었다.

그러한 순간은 여러분 앞에도 반드시 존재하며 분명 앞으로도 더 많이 마주할 것이다.

2.

'시작이 확신이 될 때'
- 나를 특별하게 만드는 순간

나이키 인터뷰

- Just Do It 열정은 나를 크게 만든다

If you have a body, you are an athlete.

　나이키의 역사는 명성보다 그리 오래되지 않았다. 1964년 육상코치 빌 바우어만(Bill Bowerman)과 그의 제자 미국 오리건 주립대학교의 육상선수 필 나이트(Phil Knight)가 블루리본 스포츠(Blue Ribbon Sports)라는 이름으로 회사를 설립한 것이 시작이었다.

　당시 빌 바우어만과 필 나이트는 각각 500달러를 투자해 일본 오니츠카 타이거사(Onitsuka Tiger, 현재 아식스, ASICS)의 기능성 운동화 200켤레를 자동차에 싣고 다니면서 판매했다. 이것을 시작으로 블루리본 스포츠는 설립 첫 해에 약 8,000달러의 매출을 올렸다.

　이후 빠른 속도로 성장해 가던 블루리본은 1972년 그리스 신화 속 승리의 여신인 니케(Nike)의 미국식 발음을 따 '나이키'로 브랜드 이름을 바꾸었고 그 무렵 오니츠카타이거 사와의 협력 관계를 종료하면서 독자적인 브랜드 '나이키'를 만들기 시작했다. 이 브랜드는 현재까지 승리의 여신답게 세계적인 스포츠용품 기업으로서 굳건히 1위의 자리를 지키며 많은 사람들의 사랑을 받고 있다.

나이키 하면 빼놓을 수 없는 것이 'Just Do It'이라는 슬로건이다. 1988년 광고 대행사 와이든 앤 케네디(Wieden&Kennedy)가 제작하여 현재까지도 나이키의 상징과도 같은 'Just Do It' 광고 캠페인이 2018년에 30주년을 맞이했다. 한 회사의 슬로건 탄생이 왜 중요하며, 시작 연도를 기념하는 것이 무슨 의미가 있느냐고 반문할지 모르지만, 'Just do it'은 오늘날 나이키를 존재하게 하는 가장 큰 역할을 했다 해도 과언이 아니다. 'Just do it'은 말 그대로 누구든지 무언가를 해보라는 뜻이다. '할 수 있을까? 또는 잘 해낼 수 있을까'는 나중의 문제이다. 일단 도전해보는 것만으로 가치가 있다는 것이 나이키가 전하는 메시지다. 인종, 성별, 나이, 신체적인 한계는 문제가 되지 않는다. 누구나 열정만 있다면 스포츠를 즐기고 도전할 자격이 있으며, 모든 열정을 나이키를 통해 이룰 수 있다는 것이 광고 캠페인의 핵심이다.

또한 빌 바워만은 "우리는 전 세계 스포츠인에게 영감과 혁신을 준다."라는 나이키 브랜드 비전을 만들면서 "스포츠인"이라는 정의를 새롭게 하였다. 나이키가 정의하는 스포츠인은 올림픽 대표 선수, 취미로 즐기는 육상 스프린터, 또는 매일 아침 운동화를 신고 조깅을 하는 사람들 모두를 의미하며, 나이키는 스포츠를 추구하는 모든 사람들에게 새로운 영감과 혁신을 부여한다.

이와 같은 브랜드 철학은 소비자들에게 혁신적이고 활력 넘치는 스포츠를 통한 에너지를 북돋웠고 나이키의 소비자들은 브랜드 신념을 함께 공유하며 역동적인 삶에 대한 영감을 얻었다. 이렇듯 고유하고 강력한 브랜드 비전을 수립한 나이키는 브랜드의 행동 양식을 아래와 같이 분명하게 세웠다. 나이키는 나아갈 방향을 명확히 제시하고 회사의 비전을 어떻게 성취해 나갈 것인지, 전 세계 소비자들과의 약속을 어떻게 실천할 것인지에 대해서 임직원들에게 다음과 같이 제시하고 있다.

- Serve Athletes. – 선수들에게 기여합니다.
- Create the Future of Sport. – 스포츠의 미래를 창조합니다.
- Be on the Offense Always. – 항상 공격 선상에 있습니다.
- Do the Right Thing. – 옳은 일을 행하십시오.
- Win as a Team. – 팀으로서 승리합니다.

이것은 나이키의 브랜드 가치를 지켜나가고 발전시키기 위한 살아 숨쉬는 명확한 행동 양식이다. 나이키의 직원들은 이와 같은 가치를 준수하고 매일의 업무 가운데 자발적으로 실천해 나간다. 이러한 가치 의식은 나이키의 모든 경영 방식과 사업 방향에 절대적인 영향력을 발휘한다.

참고문헌
나이키 공식 웹사이트(http://www.nike.com)
패스트컴퍼니(http://www.fastcompany.com)
세계 브랜드 백과 – 인터미디어(http://www.intermedia.com)

I believe I can fly

　90년대 팝 음악을 좋아하는 많은 사람들에게 사랑받은 노래, 'I believe I can fly'. 이 노래는 1996년 마이클 조던의 NBA 농구 선수로서의 성공 스토리를 담은 영화 '스페이스 잼'의 타이틀 곡이다. 'I believe I can fly'란 곡으로 미국의 R&B 가수 알 켈리는 1988년 대중음악의 최고의 영예인 그래미 시상식에서 최우수 가수상을 포함한 3개 부분의 상을 차지하는 영예를 얻었다.

　마이클 조던은 NBA 역사상 가장 위대한 선수이며 전 세계 농구의 살아있는 전설이다. 조던은 1984년 시카고 불스에 입단한 이래 눈부신 활약을 펼치며 1991년부터 1993년까지 3년 연속 시카고 불스를 NBA 챔피언에 오르게 하는 데 공헌하였다. 특히 1988년 마이클 조던은 NBA 올스타전 슬램덩크 콘테스트에서 전설적인 자유투라인 점프 덩크 슛으로 NBA 역사에 길이 남을 명장면을 연출한다. 이때부터 나이키의 에어 조던 시리즈는 전 세계 매니아들을 사로잡는 세계 최고의 농구화 브랜드로 명성을 얻기 시작하였다.

20년이 지난 지금도 나는 마이클 조던이 복귀하여 NBA 3연속 우승이라는 금자탑을 쌓는 감격의 순간을 생생히 기억한다. 그 신화와도 같은 마이클 조던의 농구 스토리와 함께 나는 또한 나이키의 에어 조던 광고를 강렬한 기억으로 떠올린다. 당시 나는 그 광고를 보며 이토록 환상적인 에어 조던이라는 제품을 만드는 나이키에서 일하고 싶다는 꿈을 가졌다. 나의 열망은 하루하루 더해갔고, 전 세계 매니아들을 열광하게 만드는 브랜드에서 나의 미래를 펼쳐가겠다는 의지가 점점 분명해졌다. 평소 스포츠와 마케팅에 관심을 두고 있던 나에게 나이키라는 브랜드의 강력한 이미지와 에어 조던이라는 신발의 신비로운 마력은 나의 진로를 운명처럼 이끌었다.

대학 졸업반에 접어들어 본격적으로 진로를 결정해야 하는 시기에 다른 대기업의 공개채용에 앞서 가장 먼저 나이키에 입사 지원을 했다. 당시 외국계 한국 지사는 국내 대기업처럼 정해진 공개 채용 및 입사 전형이 있지 않았고 수시로 경력직을 채용하는 방식이 대부분이었다. 대학 졸업을 앞두고 사회경력이 부족했던 나는 경력직으로서 자격요건을 갖추지는 못하였다. 하지만 자격 요건의 제약은 나의 열정과 꿈을 좌절시킬 수 없었다. 오히려 내가 원하는 브랜드에 대해 더 깊이 알고 싶었고, 실제로 하고 싶은 일에 대해서 계획을 정리해 보기로 했다.

이 책에서도 앞서 소개했던 나이키 브랜드의 역사, 창업자의 사명과 가치, 브랜드의 신념 및 철학, 그리고 제품 및 마케팅 전략 등을 한 달여간 공부하며 80페이지 분량의 에세이에 나이키에 입사를 원하는 이유를 적어 내려갔다. 그리고 그 열정을 담은 에세이를 직접 한국 본사로 찾아가 전달하기로 했다.

나이키 한국 본사의 로비 앞에서 노크하고 들어가 리셉션 데스크에서 채용 담당 매니저를 만나고 싶다며 초조하고 긴장된 마음으로 기다렸다.

두 시간여를 기다렸지만, 약속도 없이 무작정 찾아간 터라 결국 채용담당 매니저를 만날 수 없었다. 어쩔 수 없이 에세이를 담당 매니저에게 꼭 전해달라는 부탁만을 남기고 돌아와야 했다.

그로부터 한두 달여가 지났을까? 나이키로부터의 연락을 애타게 기다리던 나에게 반가운 소식이 찾아왔다. 나이키 인사팀에서 나의 에세이와 브랜드 보고서에 좋은 인상을 받았고 큰 열정을 느낄 수 있었다며 연락을 주었다. "얼마나 꿈만 같은 일인가?"

그날의 나이키로부터의 응답은 꿈을 펼쳐 나아갈 수 있는 시작이 되었다. 마침내 꿈에 그리던 회사에 입사하게 된 나에게 주어진 첫 번째 업무는 전국의 나이키 판매점을 대상으로 제품의 주문 및 배송관리를 담당하는 고객 서비스팀의 업무였다.

하루에 수십 통의 전화를 받고 판매점들의 주문을 일일이 확인하며 배송 클레임을 처리하는 일은 쉽지 않은 업무였다. 하지만 이 회사에서 일하는 매 순간이 기쁘고 가슴 뛰는 시간이었다. 나아가 매일같이 반복되는 업무에 국한되지 않고 노력과 열정, 재능을 발휘할 수 있는 일을 더 하고 싶었다.

그러던 어느 날 여느 때와 같던 부서 회의 시간에 새로운 의견 한 가지를 나누게 되었다. 그것은 전국적으로 확대되고 있는 나이키 판매점에 대한 서비스를 높이기 위한 일환으로 브랜드 뉴스레터를 만들어 보는 것이 어떻겠냐는 의견이었다. 당시 나이키는 공식 판매점 채널이 가파르게 성장하고 있었고 때마침 대규모 물류센터를 건축하여 전국적인 배송 시스템을 구축하게 된 시점이었다. 나는 군 복무 시절 카투사 신문 편집장으로 복무를 한 경험이 있었기 때문에 이러한 경험을 살려 직접 뉴스레터를 만들어 보겠다고 제안했다. 첫 뉴스레터는 말 그대로 간단한 레터 형식의 워드 편집 출력물이었다. 전국 200여 개 나이키 매장에 주문 및 배송 내용, 신제품 정보, 영업 공지 사항 등을 간단히 정리하고 전국의 판매점주들이 궁금해하는 내용을 요약하여 보내는 방식이었다. 일일이 전화로 문의를 하는 대신 요약된 정보로 각 매장에서 필요한 제품 및 배송 정보를 확인하는 방법은 지금과 같은 실시간 시스템을 기반으로 하는 디지털 플랫폼 시대와는 비교할 수 없겠지만 당시에는 판매점 서비스 측면에서 매우 고무적인 시도였다.

당시 수작업으로 매달 2회씩 레터를 보내는 일은 번거롭기도 했고, 나의 업무에 실질적이고 직접적으로 도움이 되는지에 대한 효율성을 생각해본다면 그다지 중요해 보이지 않을 수도 있는 일이었다. 그러나 나에게 이 일은 즐거웠고 회사의 중요한 정보를 직접 편집하여 전국 판매점에 전달한다는 자체가 의미있는 일이었다.

조용하게 시작되었던 이 일은 서서히 사람들의 관심을 끌기 시작했다. 당시 판매점과의 특정한 커뮤니케이션 채널이 없던 환경에서 뉴스레터는 다른 부서들에도 유용한 정보를 공유하기에 쉽고 효과적인 역할을 할 수 있는 방법으로 평가되었다.

판매점의 영업 활동에 도움을 주는 주문 및 배송 정보, 영업 일정 등을 단순하게 나열하던 8쪽의 흑백 출력물의 포맷에서 점차 매거진의 형태를 갖추게 되었다. 마침내 마케팅 및 광고, 제품 정보, 브랜드 행사 안내, 판매점 Q&A 등 다양한 정보들로 채워진 매거진 형태의 뉴스레터로 발전되어 나이키 본사 및 판매점에 있어서 필수적으로 요구되는 커뮤니케이션 채널로 자리 잡게 되었다.

이러한 시도는 회사에 긍정적으로 받아들여졌고, 나를 고객 서비스 업무 외에도 다양한 분야에서 능력을 발휘할 수 있는 인재로 평가해 주는 계기가 되었다.

첫 입사 후 1년 반이 지났을 때 결정적인 기회가 찾아왔다. 바로 나이키의 가장 핵심 부서에서 브랜드의 주축인 풋웨어 제품 기획 매니저를 내부 및 외부에서 채용하게 된 것이다. 풋웨어 제품 기획 업무는 러닝화, 농구화, 트레이닝화 및 스니커즈 등 다양한 카테고리의 신발 제품을 판매 기획하고 관리하는 일이었다. 이 일은 내가 꿈에 그리던 에어 조던 브랜드의 신발 제품을 기획하고 마케팅을 하는 업무가 포함된 일이었다. 나에게는 입사 전 내가 바라고 열망하던 일을 할 수 있는 기회였다. 나는 풋웨어 제품 기획 매니저에 지원하였고, 물론 나 이외에도 내부 및 외부의 지원자들이 많이 있었다. 나는 이 기회가 내게 주어진 단 한번의 기회라 생각했기 때문에 인터뷰에 임하는 순간마다 열정과 포부를 자신있게 쏟아 부었다.

오랫동안 꿈꿔오던 일에 대한 열정이야 누구보다 자신이 있었지만, 그러한 열정이 실제 업무에 어떻게 작용할 수 있는지에 대하여 확신을 주어야만 하는 자리였다. 단순히 내가 좋아하고 바라는 것이기 때문에 잘할 수 있을 것이라는 막연한 생각은 상대방이 보기에는 그저 순진한 바람에 그칠 수도 있기 때문이다.

나는 인터뷰에서 "내가 가진 능력은 앞으로 현실적인 도전이나 한계에 맞닥뜨릴 수도 있습니다. 그러나 내가 가진 열정은 포기하지 않고 달릴 원동력이 될 것입니다. 저의 열정 그리고 굳은 의지는 저를 빠르고 깊이 있게 업무에 몰입하도록 할 것이며 이를 통해서 더 많은 지식과 노하우를 배워 나가게 할 것입니다. 이것은 이전 팀에서의 업무 성과로 증명할 수 있습니다. 앞으로 더욱더 큰 시너지로 팀과 회사의 목표에 부응하는 팀원으로 성장해 나갈 자신이 있습니다."라고 대답을 했다. 마침내 약 한 달 후 나에게 나이키의 풋웨어 제품 기획 매니저의 자리가 주어졌다.

풋웨어 기획팀으로 옮긴 후에 팀 상사로부터 내가 선택된 이유를 듣게 되었다.

첫 번째 이유는 영어 능력이었다. 미국 본사의 제품 기획 및 개발 방향을 잘 이해하고, 국내 시장 환경에 맞는 제품을 선별하여 전개하는 일에는 나이키 본사 제품 개발자들과 긴밀한 커뮤니케이션 능력이 요구되기 때문이다.

두 번째 이유는 내가 열정으로 만들었던 브랜드 뉴스레터였다. 새로운 일에 도전하고 가치를 창출하는 일은 기획 및 마케팅 업무에 필수적인 자질이며, 동시에 전반적인 회사의 정보를 이해하고 전달할 수 있는 능력은 앞으로 제품기획 업무와 관련 부서와의 협업에 있어 매우 건실한 초석이 되기 때문이었다.

세 번째 이유는 팀원들과 협업을 하고 함께 도울 수 있는 팀 워크 정신을 꼽았다. 나이키는 스포츠 브랜드다. 전 세계 스포츠인들에게 영감과 혁신을 불러일으키는 브랜드의 사명에 함께하며 그 목적을 향해 팀원들이 협력하며 이끌어 가야 한다. 자기만을 중요시한다면 경기에서 승리할 수 없다. 함께 이기는 것이 진정한 승리이다.

열정과 진정성이 브랜드의 가치를 높이고 그것을 실천하는 방향으로 나아갈 때, 그 일은 공정하고 의미 있게 평가받으며 새로운 기회의 문이 열리게 되는 계기가 된다.

내가 진실로 일하고 싶은 회사가 있다면 그 회사가 원하고 중요하게 생각하는 가치를 깊이 있게 이해하라. 그리고 그 회사와 함께

하고 싶은 일을 계획하라. 그리고 그 일에 가장 적합한 사람인가를 깊이 있게 생각해보고 객관적으로 자신의 능력과 가능성을 투영해보기를 바란다.

회사는 한 사람을 채용하기 위해서 지원자가 가지고 있는 능력뿐 아니라 지원자의 가치가 회사의 가치와 맞는지, 그에 따른 행동의 방향성이 맞는지를 중요하게 생각한다.

기업은 '최고의 능력자' 보다 '가장 적합한 인재'를 찾고 싶어 한다는 것을 기억하라.

타코벨 인터뷰

– 시도하기 전에는 아무것도 알 수 없다

Think Outside the Bun

타코벨은 미국 캘리포니아에 본거지를 둔 멕시칸 패스트푸드 레스토랑 체인이다.

KFC, 피자헛 그리고 타코벨 브랜드를 운영하는 얌 브랜즈(YUM! Brands) 기업의 산하 브랜드로서 캘리포니아주 어바인에 글로벌 본사가 있으며, 현재 전 세계적으로 7,000 개가 넘는 매장을 운영하고 있다. 타코벨의 첫 시작은 글렌 벨이 1961년 캘리포니아주 로스엔젤리스 부근 다우니에서 타코벨(Taco Bell)이라는 이름의 식당을 열면서 시작되었다. 멕시칸 음식에서 아이디어를 얻은 글렌 벨은 이를 가장 미국적인 패스트푸드 형태의 메뉴로 개발하여 많은 사람들로부터 사랑을 받아왔고, 2018년 기준 7천 개가 넘는 미국의 대표적 글로벌 프랜차이즈 브랜드로 성장하였다. 그 당시 맥도날드도 첫 시작을 함께했으며 둘의 공통점은 현재 전 세계 최고의 패스트푸드 브랜드로 성장하였다는 점이다.

타코벨은 매우 미국적인 멕시칸 푸드이다. 대부분의 미국인이 해외에 거주하거나 오랫동안 여행을 할 때 그리워하는 대표적인 패스트푸드 음식이라 할 수 있다. 라틴 음식에 기원을 두고 있는 멕시칸 타코는 또띠아라는 옥수수 혹은 밀가루 전병에 육류와 야채, 치즈, 콩을 넣고 매콤한 살사와 아보카도로 만든 구아카몰리 소스를 얹어 먹는 멕시코 전통 음식이다. 타코벨은 이를 타코벨만의 고유한 방식으로 미국식 간편한 프랜차이즈 메뉴로 개발하여 더욱 많은 사람이 손쉽게 멕시코 음식을 즐길 수 있도록 새로운 음식 문화의 장을 열었다.

1달러 타코, 2달러 부리토 등 매우 대중적인 메뉴와 함께 재치 있고 위트 넘치는 광고 캠페인을 전개하며 타코벨은 미국 대중들의 마음을 사로잡았다. 특히 타코벨은 10여 개의 기본 음식 재료를 이용하여 100개 이상의 멕시칸 메뉴를 선보이면서 창의적이고 개성 있는 브랜드로서 자리매김했다. 타코벨을 통하여 미국 소비자들은 스포츠 경기를 관람할 때나 파티를 함께 할 때 다양한 메뉴를 즐길 수 있게 되었고 미국인들에게 가장 대중적인 음식 문화로 자리 잡게 되었다.

전 세계적으로 사랑을 받고 있는 패스트푸드의 대명사인 햄버거는 오랜 시간 동안 맥도날드 및 버거킹 등의 거대한 프랜차이즈 브랜드가 그 시장을 점유해 왔다. 이에 반해 멕시칸 타코는 비주류적인 음식으로 햄버거나 피자만큼 대중적인 사랑을 받지 못하였다. 하지만 타코벨에서 만들어 내는 새로운 음식 문화와 메뉴들은 햄버거와 피자에 싫증 난 많은 소비자들에게 신선함으로 다가왔다.

타코벨은 2002년부터 'Think Outside the Bun' 이라는 대대적인 캠페인을 시작하였다. 여기서 'Bun'은 햄버거의 빵을 의미하며, "기존의 햄버거에 고정된 개념을 깨고 새로움을 추구하라"라는 소비자 행동 지향적 메시지를 내세워 많은 미국인들에게 커다란 공감을 불러일으켰다. 이 캠페인은 대대적인 성공을 거두었고, 서부 중심으로 기반이 되었던 타코벨의 프랜차이즈 사업이 캘리포니아주를 넘어 미국 중부, 그리고 동부로까지 확장되는 커다란 역할을 하게 되었다.

소비자들은 새로움을 추구하는 동시에 익숙함을 좋아한다. 오랫동안 지속된 안정감과 익숙함은 별다른 고민 없이 햄버거를 식사 대용으로 소비하게끔 만드는 기본적인 욕구라고 볼 수 있다. 타코와 같은 음식을 새롭게 받아들이고 이 음식이 문화로 자리 잡기까지는 많은 시간과 노력이 필요하다. 타코벨은 새로운 멕시칸 음식 문화를 창출하는 프론티어였다. 신선한 첫 시도는 시간이 흘러 현재 많은 미국인에게 고향의 맛이라고 불릴 정도로 익숙한 음식으로 자리를 잡게 되었다. 새로운 시도가 이제 새로운 익숙함으로 자리 잡게 된 것이다. 타코벨이 창출하고 이끌어간 멕시칸 스타일의 타코는 이제 전 세계적으로 어반 푸드의 대명사로 불릴 정도로 새로운 음식 문화로 자리 잡았다. 미국뿐 아니라 국내에서도 현지 음식의 문화와 융합하여 불고기 타코, 김치 타코 등의 메뉴로 많은 사람의 관심과 사랑을 받고 있다.

참고문헌
타코벨 코리아 공식 웹사이트(http://www.koreatacobell.com)
타코벨 공식 웹사이트(http://www.tacobell.com)
위키백과(http://www.wikipedia.org)

If you never try, you will never know.

"시도하지 않으면 아무것도 알 수 없다." 이것이 타코벨의 브랜드 정신이다.

그렇다. 만일 타코벨의 창업자 글렌 벨이 기존의 정통 멕시칸 푸드를 미국인의 기호에 맞게 새롭게 만들어 보기를 시도하지 않았다면 지금의 타코벨은 존재하지 않았을 것이다.

이러한 브랜드의 정신은 타코벨 본사의 모든 직원의 업무 문화와 방식에 바탕이 된다. 새로운 메뉴를 개발할 때 이와 같은 혁신적인 접근은 거침이 없이 적용된다.

2012년 타코벨은 모든 타코벨 소비자들을 열광케 만든 신메뉴 '도리토스 타코'를 런칭하였다. 이 메뉴가 출시되면서 각종 미디어는 패스트푸드업계의 애플과도 같은 혁신이라며 극찬을 아끼지 않았다. 패스트푸드 업계의 애플? 다소 과장된 비유로 느껴질 수 있지만, 그 이유는 바로 타코벨이 소비자가 원하는 새로움을 가장 간단하고 혁신적인 방법으로 재창조했기 때문이다.

타코벨의 도리토스 타코는 기존에 튀긴 또띠아로 만든 크런치 타코 쉘을 전 세계적으로 사랑받는 도리토스 나쵸 칩으로 바꾸면서 수많은 타코 팬들을 열광시켰다.
무에서 유를 창조한 것은 아니었다. 하지만 기존에 존재하고 있는 것에서 새로운 시각으로 변화를 시도한 것이다. 새로운 익숙함, 이것이야말로 소비자가 가장 원하는 방식의 재창조이다.

지금까지 도리토스 타코는 2012년 출시 이래 북미 남미 지역에서만 4억 5천만 개가 판매되는 역사적인 성공을 거두었고 지금 이 시각에도 전 세계의 타코 팬들에게 사랑을 받고 있다. 이어서 최근에는 '네이키드 치킨 타코'라는 새로운 컨셉의 메뉴를 출시하여 또 한번 전 세계 타코벨 팬들을 흥분하게 만들었다. 이는 바로 타코의 랩으로 쓰이는 또띠아를 프라이드 치킨으로 만들어 프라이드 치킨과 타코의 환상적인 조합을 이루어 낸 것이다. 이 새로운 아이디어는 수많은 신세대 밀레니얼들에게 인기를 얻고 있다. 타코벨의 새로운 시도는 앞으로도 계속될 것이다. 바로 이러한 새로운 시도들이 오늘날 타코벨 브랜드를 살아있게 하고 성공하게 만드는 정신이기 때문이다.

2011년 나는 타코벨의 아시아 태평양 마켓 디렉터로 입사를 하게 되었다.

당시 고어텍스에서 아시아 태평양 섬유사업부 세일즈 총괄로 근무를 하고 있던 나에게 새로운 도전의 기회가 주어졌다. 나에게는 고어 텍스에서 근무하며 쌓은 아시아 시장에 대한 전문성을 새로운 산업 분야에서 펼쳐 보이고 싶은 열망이 있었다. 미국 달라스에 본사를 둔 글로벌 프랜차이즈 기업 YUM! Brands는 펩시코에서 독립된 세계 최대 외식전문 프랜차이즈 기업으로 KFC, 피자헛, 타코벨 3개의 브랜드를 소유하며 전 세계 4만 개가 넘는 가맹점 체인을 운영하고 있었다. 아시아 태평양 지역 본사는 싱가폴에 있었고, 바로 그 곳에서 타코벨을 아시아 지역에 새롭게 론칭할 적임자를 찾고 있었다.

글로벌 본사 및 아시아 태평양 인사 담당자와 몇 차례의 화상 인터뷰 과정을 거친 후, 최종적인 결정권을 가진 아시아 태평양 사업부 개발 부사장과의 면접이 한국에서 이루어지기로 결정되었다.

대만계 캐나다인 마이클 부사장은 지난 15년간 펩시콜라에서 근무했고 얌 브랜즈의 남아메리카 프랜차이즈 개발 담당을 거쳐, 아시아 태평양 수석 부사장으로 부임하며 아시아 지역에 4천여 개가 넘는 프랜차이즈 사업을 관리해 온 베테랑 전문가였다.

그는 인터뷰를 편안하고 유연하게 끌고 나갔다. 하지만 때때로 인터뷰 도중 긴장감을 주며 창의력과 분석력 그리고 결정력을 요구하는 질문들을 제시하곤 하였다. 그 중 기억에 남는 질문이 있었다. 그는 "프랜차이즈 외식 사업의 가장 중요한 핵심이 무엇이라고 생각하는가?"하고 나의 의견을 물었다.

당시 나에게 외식 산업은 첫 도전이었고 외식 프랜차이즈라는 가맹 사업이 갖는 핵심적인 특성을 파악하기에는 익숙하지 않은 분야였다.

나는 인터뷰 전, 며칠 동안 서울 시내의 KFC, 피자헛, 타코벨 매장을 돌아다니며 관찰하고 느낀 점들을 정리한 노트를 그에게 보여주었다. 그리고 그에게 솔직하게 대답했다.

"나는 아직 외식 프랜차이즈 사업에 대해 지식과 견해가 깊지가 않습니다. 다만 그동안 마케터로서 그리고 영업 책임자로서의 관점으로 매장을 관찰하며 소비자 경험과 매장의 운영 방식에 대한 저만의 견해를 정리해 보았습니다. 가격과 편리성을 강조한 메뉴 구성과 표준화되고 일률적인 고객 응대 방식은 효율성 측면에 기여하는 부분이 크다고 생각합니다. 그러나 맥도날드, 버거킹, 써브웨이 등 타사 브랜드들도 유사한 메뉴 구성과 고객 응대 방식을 갖고 있으며 그들은 더 많은 매장을 운영하고 소비자들로부터 높은 인지도와 친밀감을 얻고 있습니다. 앞으로 이들과의 경쟁에서 어떤 차별화를 시도해야 할지가 타코벨 프랜차이즈 사업의 핵심 과제가 될 것 같습니다."

그는 흥미로운 표정으로 나의 대답을 들었고 인터뷰를 준비하며 사전에 여러 매장을 리서치한 점에 대해 감사를 표해주었다. 그는 나에게 한 가지 제안을 하였다. 시간이 가능하다면 다음 날 다시 만나 몇몇 매장을 함께 둘러보고 싶다는 것이었다. 나에게 그는 면접관을 넘어 싱가폴에서 나를 인터뷰하기 위해 서울로 와준 고마운 손님과 같았고 이번 기회가 나의 커리어에 있어 매우 의미 있는 방향을 제시할 수 있을지도 모르겠다고 생각하면서 흔쾌히 다시 만날 것을 약속하였다.

다음 날 우리는 이태원의 타코벨 매장 앞에서 만났다. 함께 매장을 둘러보며 메뉴 컨셉트, 가격 구성, 소비자 편의성, 매장 인테리어 등 다양한 부분에 대한 이야기를 나누었다. 매장을 둘러보고 그는 함께 몇 가지 메뉴를 주문하여 같이 시식할 것을 제안하였다. 그의 요구대로 나는 점원에게 가서 몇 가지 메뉴를 주문했다. 주문하고 돌아온 나에게 그는 질문을 했다. "주문하는 과정에서 느낀 좋았던 서비스와 아쉬웠던 부분에 관해 이야기해줄 수 있습니까?" 평소대로 주문을 마치고 돌아온 나에게 자세한 고객 경험을 들려달라고 기습적으로 질문했기 때문에 적지 않게 당황스러웠다.

나는 다시 조금 전 상황을 떠올리면서 기억을 더듬어 한 가지씩 대답했다. "일단 전체적으로 매우 무난했습니다. 아마도 매장 점원이 당신의 얼굴을 기억하거나 본사에서 온 것을 알았을지 모르지만, 점원은 미소 짓는 얼굴로 반갑게 맞이해 주었습니다. 그리고 메뉴를 고를 때 차분하게 기다려주며 내가 선택에 쫓기지 않도록 잘 응대해 주었습니다. 그리고 주문을 받은 메뉴를 다시 반복하여 확인해 주고 계산을 마친 후 번호기기를 건네며 안내를 해주었습니다. 여기까지의 과정은 순조로웠고 좋았습니다. 다만 한 가지 부분에 있어서 도움이 필요했는데 그 점에 있어서는 점원으로부터 적절한 도움을 받지 못한 것 같습니다." 그는 흥미로운 표정으로 그 한 가지 부분이 어떤 것인지 물어보았다. "저는 오늘이 타코벨 매장에 두 번째 방문한 것이기 때문에 메뉴의 이름과 맛에 대한 정보의 이해가 충분하지 않습니다. 그러다 보니 먹어 보았던 메뉴를 지난번과 똑같이 주문하게 되었습니다. 타코벨과 같이 한국 소비자들에게 새롭게 소개되는 음식은 다양한 메뉴를 경험해보도록 함으로써 자신이 좋아하는 메뉴를 알아가고 선택해가며 만족도를 높여가는 과정이 중요하다고 생각합니다. 그러한 측면에서 고객 응대를 하는 직원들이 소비자 관점에서 쉽고 인상적으로 메뉴를 소개해주고 주문을 적극적으로 유도해 본다면 더 많은 소비자에게 좋은 경험을 제공할 수 있다고 생각합니다." 그는 매우 흡족해 보이는 얼굴로 자신도 같은 생각이라며 반갑게 동의하였다.

이후 함께 메뉴를 시식하며 편안한 분위기에서 메뉴에 대한 평가, 한국 소비자들의 입맛, 가격 포인트 등에 관하여 이야기를 나누었다. 또한 궁금했던 부분들에 대해서도 충분히 질문하고 대답을 들으면서 미팅을 마치게 되었다. 이러한 인터뷰 과정을 통해 나는 타코벨이라는 브랜드에 대해서 더욱 깊이 있는 지식을 얻게 되었고 프랜차이즈 가맹사업에 대해서도 전반적으로나마 이해할 수 있었다. 이렇게 인터뷰는 회사가 적합한 인재를 찾는 데 매우 중요한 요소이기도 하지만 후보자 측면에서도 내가 일하고자 하는 산업 분야에 대한 폭넓은 이해를 할 수 있고 직무의 적합성 등을 알 수 있는 중요한 기회이기도 하다.

얼마 후 싱가폴 아시아 본사에서 정식 채용 의향서가 전달되었다. 내 커리어의 새로운 전환점을 맞이하게 되었다. 국내보다 높은 평가와 대우를 받으며 싱가폴 아시아 본사로 이직을 하게 되었다. 나에게 있어서 새로운 산업 분야로의 이직은 여러 가지로 불확실한 미래와 도전이었다. 또한, 타코벨 브랜드를 아시아에 새롭게 론칭하려는 회사의 관점에서 보았을 때도 프랜차이즈 외식 산업에 대한 경험이 전무한 사람을 채용하는 것은 위험성과 가능성을 동시에 내포한 이례적인 시도라고 할 수 있을 것이다. 우리는 함께 새로운 도전과 가능성에 미래를 맡겼다.

입사 후, 나를 채용한 부사장과의 식사 자리에서 인터뷰를 통해 내게 받았던 인상적인 부분에 대해서 듣게 되었다. 그동안 외식 산업군에서 많은 후보자를 인터뷰하였지만, 전형적이고 비슷한 유형의 지원자들이 대부분이었다고 말하였다. 새로운 시각에서 기존의 외식 산업을 바라볼 수 있고 기존의 표준화된 방식에서 새로움을 창출할 수 있는 차별화된 사람을 찾던 중 나와 같은 타분야의 전문가가 제시하는 관점은 새롭고 도전이 되었다는 것이었다.

단편적인 생각이나 의견에 그치지 않고, 직접 매장을 방문하여 꼼꼼히 정리하고 분석한 내용을 토대로 한 인터뷰 내용, 그리고 당시 나의 진취적 태도와 역동성이 그를 더욱 기대하도록 만들었다는 얘기를 들려주었다.

　기업은 그 기업이 속한 분야, 또는 유사한 산업 분야에서 전문가를 찾는 경우가 일반적이다. 그러나 기업이 새로운 시도를 통하여 인재를 찾아내려고 할 때에는 다음의 두 가지를 중요하게 생각하게 될 것이다. 단순한 지식과 이론이 아닌, 실행할 힘을 가진 객관적이고도 깊이 있는 통찰력, 그리고 자신의 관점을 소비자의 눈으로 진실되고 확신있게 요약하여 전달할 수 있는 명료함, 이 두 가지를 통해 기업의 임원들은 새로운 후보자들에게 신뢰를 느낄 수 있게 된다.

　첫인상에 신뢰를 심어 줄 수 있는 후보자는 선택될 확률이 높다. 그러한 기회를 놓치지 않기 위해서는 그 회사 브랜드가 처해있는 비즈니스 환경을 이해하고 어떻게 시장의 요구를 충족시켜야 할 것인지, 그리고 무엇보다 그 브랜드가 어떠한 가치와 사명을 가지고 사업을 전개하는지를 잘 파악하여야 한다.
　앞서 서술한 인터뷰의 내용을 보면 타코벨은 기존의 치열한 가격 경쟁의 패스트푸드 시장의 도전적 상황에서 창의적인 새로운 시도를 추구하는 것이 목표이다.
　그러기에 기업은 새로운 관점과 모험 그리고 실행력을 갖춘 인재에 더욱 관심과 기대를 가질 수밖에 없다. 이러한 기대는 사업의 목표나 성과에 연결되며, 이를 실현하도록 확신을 줄 수 있는 인재를 요구한다. 이러한 확신은 준비되고 훈련된 사람들에게서 얻어진다. 즉, 준비된 사람들만이 결정적인 순간에 빛을 발할 수 있는 것이다.

2014년, 입사 후 3년 뒤 회사 내에서 다시 한번 새로운 도약의 기회를 맞이했다. 싱가폴 본사에서 타코벨 아시아 태평양 디렉터로서 일을 하고 있던 나에게 타코벨 본사에서 아시아 태평양 사업본부를 새롭게 구성하게 되면서 더욱 큰 사업의 책임을 맡기게 된 것이다.

이전까지는 나와 두 명의 매장 운영 오퍼레이션 매니저들과 함께 아시아 시장의 가맹사업을 관리하며 개발하고 있었는데, 미국 캘리포니아 본사에서 아시아 태평양 시장의 타코벨의 미래에 적극적인 투자를 하면서 싱가폴 본사에 신규 사업부를 확대 편성한 것이다. 따라서 마케팅, 물류관리, 품질관리, 가맹사업개발 등의 부서를 새로 조직하고 직원들을 고용하게 되었는데 그 아시아 사업 본부의 총괄 책임을 나에게 맡긴 것이다.

이러한 중대한 조직 변화에는 내가 그동안 한국과 일본 시장에 타코벨을 론칭하며, KFC나 피자헛과 같이 타코벨을 대규모의 프랜 차이즈 사업으로 성장시킨다는 비전을 제시했던 것이 큰 요인으로 작용하였다. 그것은 바로 이 발표가 있기 이미 일년 전, 미국 캘리포니아 본사에서 있었던 타코벨 글로벌 CEO와의 미팅의 자리에서였다. 회장은 미국에서 급성장하고 있는 타코벨 브랜드를 전 세계적인 브랜드로 만들겠다는 강력한 비전을 갖고 있었다. 그에게 아시아 시장은 얌 브랜즈의 산하 브랜드인 KFC나 피자헛이 1980년대부터 폭발적인 성장을 거둔 매우 중요한 시장이었기에, 타코벨에게도 역시 엄청난 기회가 될 것이라는 확신이 있었다.

미팅 자리에서 회장은 나에게 중요한 질문을 던졌다. "당신이 타코벨 아시아 사업부 책임자로서 향후 커다란 성장을 만들어 낼 수 있는 시장이 어디라고 생각합니까?" 나 역시 이러한 고민을 이전부터 해오고 있었지만 어떤 것도 정답이라는 확신을 할 수는 없었다. 그 질문을 받는 순간 나는 잠시 생각을 정리한 후, 확신 있는 태도로 답변하였다. "저는 타코벨 브랜드가 앞으로 한국과 일본에서 크게 성장할 수 있는 충분한 가능성과 기회의 요소가 있다고 봅니다." 회장은 다시 물었다. "왜 그런 판단을 하게 되었나요? 전통적으로 프랜차이즈 시장은 저비용 고효율 시장 구조로 되어 있는 개발 도상국에서부터 안정적인 성장을 이루어 왔는데 한국과 일본은 아시아에서 대표적인 고비용구조의 국가들입니다. 그렇게 생각한 이유가 궁금하군요." 나는 이에 대답을 이어 갔다.

"그렇습니다. 저도 한국과 일본 시장이 노동비용 측면이나 부동산 비용의 구조적 측면에서 상대적으로 높은 비용구조로 되어 있기 때문에 매장의 이익 창출이 다른 아시아 국가들보다 어려울 수 있다고 생각합니다. 그러나 저는 타코벨 브랜드의 미래를 더욱 크게 보았습니다. 물론 저비용구조의 시장에서 더욱 안정적인 이익을 창출하는 것도 사업 성장의 중요한 요건입니다. 그러나 저는 외식사업에서는 경제 논리도 존재하지만, 그에 앞서 '문화'라는 부분을 강조하고 싶습니다. 한국과 일본에서는 30년 이전부터 외식 프랜차이즈 사업이 성장해왔고, 이제 그 부흥기라 할 수 있을 만큼 세계적인 브랜드들이 한국과 일본 시장에서 앞다투어 경쟁을 이어가고 있습니다. 이 시장에서 성공하는 브랜드들은 글로벌 시장에서 성공할 수 있는 매우 큰 문화적 그리고 경제적 가치를 증명하게 되는 것이기 때문입니다. 특히 타코벨은 미국에서 최고의 프랜차이즈 브랜드로 성장했지만, 아시아 국가나 기타 시장에서도 글로벌한 성장을 이끌어 나가야 하는 시작선 상에 있습니다. 아시아 시장에 있어 타코벨이 한국과 일본 시장에서처럼 새로운 음식 문화 트렌드에 대한 기준치가 높은 소비자들에게 인정과 인기를 얻게 된다면 앞으로 글로벌 브랜드로서의 성장은 더욱 가속화될 수 있을 것입니다. 한국과 일본 시장에서 적극적인 투자로 시장 진입을 성공적으로 이끌어야 합니다. 그리고 직접 그 잠재 가능성을 느끼실 수 있도록 저와 함께 한국과 일본 시장을 방문해 본다면 그 판단에 더욱 큰 확신을 가지 실수 있을 것입니다."

그 해, 회장 및 타코벨 글로벌 임원진들은 나와 함께 한국과 일본을 차례로 방문한 뒤 시장 조사를 진행했고, 결국 2015년 타코벨은 한국과 일본에 새로운 컨셉트로 브랜드를 성공적으로 론칭하였다. 특히 일본에서 타코벨의 론칭은 대대적인 화제가 되어 당시 20여 개 이상의 전국 TV 방송과 온라인 미디어, 신문 잡지 등 대규모 미디어가 타코벨 론칭 스토리를 보도하였다. 일본의 타코벨은 첫 한달 동안 단일 매장에서 일평균 고객 1천 명이 몰려 인산인해를 이루었다. 타코벨의 한국과 일본에서의 성공적인 론칭은 전 세계 글로벌 시장으로의 확대를 불타오르게 하였고 그 이후로 타코벨은 아시아 시장에서 한국과 일본 이외에도 중국, 호주, 인도, 태국 등의 시장에 새롭게 진입하며 세계적인 멕시칸 프랜차이즈 브랜드로 비약적인 성공을 만들어 가고 있다.

3.

'월드 클래스는 다르다'
- 나를 일깨운 특별한 레슨

어떤 사람들은 나를 평가할 때 가진 배경이나 능력 보다 매우 운이 좋은 사람이라고 말할지도 모른다. 나 자신도 운이 좋은 사람이라 생각한다.

내가 가진 능력에 비해 더욱 큰 일을 해온 것이 사실이다. 하지만 그것보다 중요한 것은, 나는 부족한 부분을 깨달을 때마다 겸손하게 보완점을 찾았고, 또 다른 새로운 목표를 향해 매진했다. 그때마다 새로운 기회가 찾아왔고 어김없이 나는 도전했다.

22년간 글로벌 기업에서 근무하며 많은 훌륭한 리더들을 만나 함께 일할 수 있었다. 당시 회의하거나 대화를 할 때 무심코 지나갔던 대화나 상황들이 시간이 지난 후 머리를 내리치듯 '아! 그거였구나'라는 뒤늦은 깨달음으로 다가올 때가 적지 않았다. 이러한 실질적 깨달음들은 쉽게 잊혀지지 않았다.

　돌이켜보면 수많은 순간이 배움의 기회였다. 지난날의 경험과 시간은 값진 일이 아닐 수 없다. 글로벌 리더의 위치에 오르기까지의 각기 다른 도전과 시련, 성취와 기쁨의 이야기들은 저마다의 값진 보석과 같았다. 글로벌 리더들과의 대화를 통해 느끼고 배운 일, 사람, 가치에 관한 이야기들을 함께 나누어 보고자 한다.

　태어나면서 리더가 되는 것이 아니다. 리더는 만들어지는 것이다. 지속적인 경험과 훈련의 과정에서 자신만의 고유한 가치가 탄생한다. 과거 내가 재직하였던 회사들인 리복(Reebok), 고어텍스(Gore-Tex®), 얌 브랜즈(Yum! Brands)의 CEO에 관한 일화 들을 통해 글로벌 리더들의 중요한 덕목과 고유한 가치에 관해 함께 생각해 볼 수 있는 시간이 되기를 바란다.

리복(REEBOK)

– POSITIVE THINKER

위기의 순간에도 긍정하라.

  '리복(Reebok)'은 운동화 및 스포츠 의류, 스포츠용품을 제작·판매하는 미국의 스포츠용품 브랜드이다. 영국의 장거리 육상 선수인 조셉 윌리엄 포스터(Joseph William Foster)가 J. W. 포스터 앤 선스(J. W. Foster and Sons)라는 회사를 창립하면서 시작되었으며 1958년에 아프리카 대륙에서 가장 빠른 동물로 일컬어진 리복(Rhebok)이라는 영양류의 이름에서 영감을 얻어 회사명을 리복(Reebok)으로 바꾸었다. 1979년에는 미국의 스포츠용품 유통업자인 폴 파이어맨(Paul Fireman)이 리복-USA를 설립하며 미국 시장에 진출한 후 당시 유행했던 에어로빅 트렌드에 맞는 상품들을 출시하며 커다란 인기를 얻어 세계적인 브랜드로 성장했다.

기존 스포츠업계의 강자들이었던 나이키(Nike)와 아디다스(Adidas)는 가볍고 편안한 운동화에 대한 수요 및 트렌드에 민감하지 못했던 반면 리복은 철저한 시장 조사를 통해 새로운 트렌드에 부합하는 가볍고 활동하기에 편한 여성 전용 에어로빅화 '프리스타일(Freestyle)'을 1982년에 출시했다. 당시 리복은 스포츠 업계와 사회 및 문화의 동향 조사를 통해 새로운 피트니스(Fitness: 균형 잡힌 건강한 신체를 위한 운동) 문화로 자리 잡은 에어로빅, 스포츠와 헬스에 관심을 두는 여성 소비자들의 증가 및 선수용 운동화의 스트리트 패션화라는 세 가지 트렌드를 파악했고, 이에 대응하여 1982년에 출시한 프리스타일은 여성용 스포츠화 시장을 장악했고, 결과적으로 리복의 총 매출은 1983년에는 1,280만 달러, 4년 후인 1987년에는 14억 달러를 달성하며 아디다스, 나이키를 제치고 정상급 스포츠 브랜드로 자리매김했다.

1980년대 리복의 피트니스 열풍과 바람을 넣어 운동화의 퍼포먼스를 높인 펌프 테크놀로지는 전세계 스포츠 시장을 휩쓸만큼 가히 거대한 혁명과 같았다. 당시 전 세계 스포츠 브랜드 1위라는 역사적 성공을 거두었던 리복. 하지만 리복은 90년대 이후 나이키와 아디다스에 시장 점유율을 내어주기 시작하면서 2000년대 초에 와서는 더이상 새로운 제품의 혁신이나 글로벌 캠페인의 성공을 거두지 못했다. 새로운 돌파구를 찾아 브랜드의 재건을 목표로 큰 노력을 하였지만 마침내 2006년 리복은 회사의 역사상 가장 중대한 결정을 하게 되었다.

글로벌 경쟁사이자 나이키와의 경쟁에서 앞서고자 했던 아디다스에 회사를 매각하게 된 것이다. 당시 리복 창업자에 이어 글로벌 CEO가 된 폴 회장은 보스턴에 있는 글로벌 리복 캠퍼스에서 회사의 매각 사실을 공표하였다.

회사를 이끌어 가는 최고 경영자로서 전 세계 리복의 브랜드 가치와 사명을 함께 했던 수만 명의 직원들에게 충격적인 뉴스인 동시에 혼란과 실망을 안겨줄 수밖에 없는 상황이었다.

그러나 폴 회장은 리복 글로벌 비즈니스의 총책임자로서 이러한 상황에서도 흔들리지 않고 아디다스와의 인수합병을 성공적으로 완수해야 하는 막중한 임무와 마주하고 있었다. 바로 모든 직원의 단합과 협력을 바탕으로 이 커다란 변화를 긍정적 전환점으로 이끌어내야 하는 것이었다.

이같은 상황에 직면하여서도 우리는 긍정적이고 유연할 수 있을 것인가?

대부분의 사람은 이 질문에 쉽게 대답하기 어려울 것이다. 그러나 글로벌 CEO였던 그는 전 세계 직원들과 글로벌 컨퍼런스 및 타운 홀 미팅을 통하여, 그리고 직접 전 세계에 있는 리복 지사를 방문하며 리복의 미래에 대해 긍정적이고 차분하며 유연한 태도로 직원들과 소통하였다.

"리복은 시작이 그러했듯이 앞으로도 전 세계 스포츠를 사랑하는 사람들의 잠재력을 일깨우며 모든 이의 개성을 극대화하는 브랜드로 소비자들의 사랑을 받을 것입니다. 나를 포함한 전 세계 리복 직원들은 앞으로 아디다스와 전략적 협력관계로 상생할 것이며 우리의 잠재력을 더욱 발휘할 좋은 기회가 될 것입니다."

그의 메시지는 긍정적이며 확신에 차 있었다. 그의 확신에 찬 태도와 말은 불안해하던 직원들에게 신뢰를 주었고, 불안을 넘어 기대와 희망을 품게 하기에 충분했다. 그는 글로벌 인수 합병이라는 커다란 도전 앞에서도 회사의 최고 경영 책임자로서 모든 직원과 동등한 위치에서 소통하며 직원들과 공감하길 원했다. 또한, 앞으로 펼쳐질 구체적인 계획에 관하여 이야기하면서 진지하고 확신 있는 태도로 직원들에게 신뢰를 주었다.

2006년, 폴 회장이 리복 한국 지사를 방문했던 때를 돌이켜 볼 때 나는 그의 모습에서 많은 점들을 배울 수 있었다.

그는 경직될 수 있었던 임직원들과의 자리에서 차분하고 유연하며 자신 있는 태도로 한 사람 한 사람의 질문에 경청했고 진지하게 응답했다. 시종일관 웃음을 잃지 않았고, 여유 있는 자세로 우리를 맞이하였다. 또한 미팅이 끝난 후 프로농구 게임을 함께 보러 가자는 친근한 유머로 긴장한 직원들의 마음을 풀어주기도 하였다.

글로벌 비즈니스 관점에 있어서 한국 시장은 리복이 사업을 펼치고 있는 작은 국가에 지나지 않는다. 하지만 그는 전 세계 리복 직원들의 최고 책임자라는 위치에서 임직원 한 명 한 명을 가족과 같은 마음으로 대하고 직원들의 마음을 이끌어 주고 있었다.

그 후 리복과 아디다스의 합병 과정은 약 1년여 동안 순조롭게 이루어졌고 폴 회장 역시 자신의 임기를 다하고 아디다스의 새로운 CEO에게 자리를 넘겨주었다. 개인적으로 리복의 인수합병이라는 급격한 변화는 나에게는 큰 가르침이 되었고 인수합병 이후에도 리복 코리아의 마케팅 책임자로서 흔들림 없이 임무를 수행할 수 있었다. 비가 온 후 땅이 더욱 굳어진다는 말처럼 2006년에 리복은 글로벌 캠페인을 전개하는 과정에서 세계적인 프랑스 축구선수인 티에리 앙리를 한국에 초대하는 기회를 마련하였다. 티에리 앙리가 국내 인기 예능 프로그램인 '무한도전'에 출연하면서 소비자들의 리복에 대한 관심과 인기가 높아지는 기회가 되었고, 리복은 글로벌 스포츠 브랜드로서의 위상을 더욱 높여 가게 되었다.

이후에도 리복은 크로스핏(Cross-Fit) 트레이닝과 함께하면서 전문 피트니스 트레이닝 브랜드로서 세계적으로 스포츠용품 소비자들의 사랑을 받고 있다.

최고 경영자는 큰 변화나 어려운 문제 앞에서 어떤 자세를 가져야 하는가? 최고의 책임자로서, 전 세계 직원들의 대변자로서, 든든한 후원자로서, 그리고 전쟁터에서 승리를 끌어낼 리더로서 긍정적 사고와 담대한 태도가 필요하다. 외적으로 부드럽게 보일지라도 내적으로는 사람들을 설득하고 이끌 강한 확신이 있어야 한다. 그러한 확신과 상호 간의 신뢰가 직원들을 이끌어 갈 수 있는 리더십의 근원이다. 긍정의 힘은 문제점을 개선하고, 새로운 동기를 부여하며, 다수의 사람으로부터 커다란 추진력을 얻도록 한다. 이것은 도전과 역경 속에서도 새로운 가치를 창조할 수 있게 만드는 가장 중요한 리더의 덕목이라 할 수 있다.

참고문헌

리복 공식 웹사이트(http://www.reebok.com)
위키백과사전 리복(http://en.wikipedia.org/wiki/Reebok)
위키백과사전 리복 프리스타일(http://en.wikipedia.org/wiki/Reebok_Freestyle)

고어텍스(GORE-TEX®)
- POWER LISTNER

듣는 것이 힘을 발휘할 수 있는가?

설득하고자 하거나 주장하고자 할 때 무엇이 중요하다고 생각하는가? 대부분 내가 말하고 강조하는 것에 더 중점을 두고 힘을 실을 것이다. 이것은 인간의 본성이다. 하지만 '듣는 것'에도 힘이 있다. 이것은 어쩌면 말하는 것 이상의 큰 힘이다.

혁신적 기술 개발로 비약적 성공을 이룬 '고어 텍스' 회사에는 독특한 기업문화가 있다. 미국 '포츈지'의 '가장 일하고 싶은 100대 기업'에 20년 연속 선정될 만큼 혁신적인 기업으로 인정받고 있는 '고어텍스'는 완전한 수평 조직으로 모두가 동료로 불린다. 이 같은 문화를 통해 동료들의 자기 주도적 업무를 유도하고 수평적 커뮤니케이션으로 동료 간의 협업을 격려한다. 한마디로 요약하자면 후원자(스폰서 십) 리더십이다.

　동료의 성장과 발전을 도와 팀에 기여하는 스폰서 제도는 고어에서만 볼 수 있는 독특한 기업 문화다. 고어의 모든 동료에게는 성공을 지원해주는 스폰서가 있다. 이 프로그램은 해당 동료의 직장 생활과 발전을 돕는 지속적이고 체계화된 프로그램으로, 상사·선임 대신 스폰서라고 불리는 멘토가 기업 문화에 적응할 수 있도록 도움을 준다. 자기 계발과 회사 내 개인의 발전에 대해 조언을 해주는 것 역시 스폰서의 역할이다.

　그뿐만 아니라 창업자인 W.L.고어의 '분할하라, 그래야 더 증식할 수 있다(Divide, so we can multiply)'는 철학을 바탕으로, 고어는 한 공장이나 조직이 200~250명을 넘으면 둘로 나누어 작은 조직을 만들고 있다. 작은 조직을 통해 필요한 역량을 가진 사내 전문가를 중심으로 팀을 조직하고, 보고업무 없이 작업의 효율성을 극대화하는 것이다. 이러한 고어의 독특한 기업 문화와 업무수행 방식은 '하버드 비즈니스 리뷰'와 각종 경영 저서에서 좋은 사례로 소개되기도 하였다.

　이러한 고어 회사의 조직은 어소시에이트(Associate)와 리더(Leader)로 구성되며 모든 직원은 평등한 위치에 있다. 리더는 힘으로 지시하고 이끄는 주체가 아니라 다른 어소시에이트들이 최상의 업무 성과와 근무 만족을 갖게 할 수 있도록 도와주는 후원자의 주체이다. 그래서 회사가 처음 세워졌을 때 회사의 명칭이 W.L. Gore & Associates 이다. 바로 창업자 윌리엄 고어와 어소시에이트들이 만들어가는 회사라는 뜻을 담고 있다.

후원자로서의 리더십은 쉽지 않은 높은 수준의 리더십이다. 이 때문에 전문성, 합리성, 인내력, 조화력 등 다양한 덕목을 두루 갖춘 리더가 아니라면 후원자로서의 리더십을 발휘할 수 없다.

이 모든 것을 갖춘 사람이 존재할 수 있을까? 사람은 완벽하기 어렵다. 이 때문에 자신을 돌아보고 평가하고 훈련해야 한다. 이 훈련에서 가장 기본이 되는 것이 있다면 바로 "듣는 힘"이다.

타인의 말을 자세히 듣다 보면 '공감'과 '이해'라는 두 가지를 얻을 수 있다. 이것은 요구나 주장으로 얻어질 수 없다. 자기중심적이며 일방적인 주장과 요구는 상대방의 마음을 닫히게 한다. 상대방이 왜 그러한 생각을 하게 되었는지, 생각의 배경이나 이유를 살피고 하고 싶은 것들을 물으면서 말을 듣다 보면 상대방의 관점에서 소통할 수 있는 장이 형성될 수 있다.

서로 의견을 듣고 말하는 관계 속에서 상호 간에 '공감'과 '이해'의 코드가 형성되는 것이다.

이러한 공감의 소통 위에서 업무의 목표나 계획을 수립할 수 있다면 이것은 일방적인 지시에 의한 업무와는 비교할 수 없는 힘과 추진력을 발휘하게 될 것이다. 그것은 일상적으로 전달된 요구나 의무가 아니라 함께 나누고 약속한 공통의 목표가 되기 때문이다. 이를 통해 리더십이 발휘되고 이러한 사례들이 쌓여 좋은 결과를 만들어 내면서 기업은 그들만의 강력한 조직 문화를 갖게 된다. 소통의 리더십은 들을 수 있는 '경청'의 힘에서 비롯된다.

글로벌 브랜드인 고어 텍스를 이끌어 가는 리더들은 듣는 힘이 강하다. 이들은 매 순간의 비즈니스 현장에서 실제로 충실히 듣고 공감하고 소통하면서 직원들에게 영감을 준다.

내가 고어텍스의 한국 비즈니스 영업 책임자로 근무하고 있었을 때 나의 상사이자 리더였던 레오나르도는 아시아 태평양 풋웨어 사업부 세일즈 리더이자 총괄 책임자였다. 그는 매우 친근하면서도 든든한 후원자였다.

그는 2년여 시간 동안 나에 대한 잠재력과 가능성을 열어 두고 살펴보면서 후원자로서 내가 개선해야 할 부분과 필요한 부분을 다양한 관점에서 피드백해 주었고, 실전에서 경험을 쌓을 수 있도록 도와주었다. 국내 시장만이 아니라 아시아 및 유럽의 다양한 미팅에 함께 참여할 기회를 제공해 주었고 미래의 리더로서의 가능성을 열어 주기 위해 많은 시간과 노력을 기울였다. 함께 내부 미팅이나 다른 파트너 기업과의 미팅이 끝난 후 그는 언제나 내 생각을 물었다. 내가 느끼고 생각하는 것과 나의 판단, 그리고 그 이유에 관하여 물었다. 그리고 묻고 대답한 것들은 낡고 두꺼운 바인더에 빼곡히 적어 기록하였다. 나는 상사가 나의 말을 이렇게 듣고 또 자세히 적어 내려가는 상황이 어색하면서도 한편으로는 신선한 충격과 자극이 되었다. 이후 그는 이러한 대화와 기록을 바탕으로 한 업무 성과 피드백으로 상호간의 신뢰를 공고히 할 수 있었다.

모든 대화의 내용은 진실성이 있어야 하고 투명한 신뢰로 쌓아져 가야 한다. 예를 들어 작년 10월 28일에 영업 회의 때 발표한 내용 중 앞으로의 실행 계획과 그 목적에 관해 설명한 내용을 그대로 기술하고, 과거와 지금의 차이점, 실행에 있어서 잘 되었던 점과 그렇지 못한 점, 그리고 그에 대한 이유를 함께 토론하며 생각과 의견을 구체적으로 듣고 판단하는 것이다.

근무한 지 2년 정도 지났을 때 함께 출장을 가게 되어 스위스를 거쳐 독일로 향하는 중이었다. 차를 타고 알프스 산을 넘으면서 다양한 주제로 이야기를 나누게 되었다.

그는 나에게 현재 하는 일이 어떠한지를 물었고, 앞으로의 장기적인 목표를 말해달라고 하였다. 처음에 어떻게 대답하는 것이 좋을지 망설여졌다. 그리고 상사인 그에게 어떤 답변이 현명한지에 대한 고민이 이어졌다. 그는 내가 충분하게 생각할 수 있도록 편안히 기다려주면서 자신이 처음 회사에 입사하게 된 배경을 차분하게 이야기해 주었다. 이야기를 들으며 생각을 다듬을 수 있었고 앞으로 하고 싶은 업무에 대한 목표가 보다 분명하게 정리가 되었다. 나는 공감과 이해가 충분히 형성된 상황 속에서 보다 진솔한 대답을 할 수 있었다.

먼저 고어 텍스가 가지는 인재에 대한 가치와 문화가 내가 지향하는 바와 일치했으며, 회사에서 나 자신의 능력과 재능을 발휘할 뿐 아니라 다른 직원들의 발전과 능력 개발에 힘을 줄 수 있는 리더가 되고 싶다고 말했다. 또 더 나아가 지금 그가 맡은 아시아 태평양 영업 대표 역할을 이어받아 나의 리더십의 새로운 성장점을 만들어나가고 싶다고 대답하였다.

이러한 의지의 표현은 용기가 필요한 일이었다. 그는 아시아 태평양 시장의 영업 책임자로서 앞으로도 더욱 큰 성장을 이끌어갈 신뢰와 기대를 받는 리더였다.

당신의 위치에서 당신의 역할을 담당하고 싶다고 상사에게 말하는 것은 국내 기업 문화에서는 쉽게 받아들이기 어려운 발언일 수 있다. 그러나 나는 그가 나의 입장을 충분히 알고 내가 세운 목표에 대해 공감하며 적극적인 지원을 해줄 수 있는 리더라고 믿고 있었다. 이것은 그의 직위에서 나오는 힘이 아니라 자신의 직위를 벗어나 진심으로 공감하고 서로의 생각과 가치를 인정하고 공유할 수 있는 공감적 리더십에서 비롯된 것이기 때문이다.

직위나 권위에 의한 리더십은 제한적이며 타인의 능력과 가능성을 제한하기 쉽다. 모든 이의 관점을 존중하고 경청하며 그 내용의 진실성과 가능성에 대해서 유기적인 피드백과 의사소통을 할 수 있을 때 기업과 조직은 발전한다.

그 후 1년쯤 지났을 때 레오나르도는 회사의 주요 사업을 성장시키기 위해서 유럽 시장의 사업부 리더로서 부임을 하게 되었다. 그는 아시아 태평양 리더의 자리를 떠나면서 나에게 기회를 열어 주었다.

그는 12개월 전 용기를 내어 진심을 담아 말했던 나의 포부와 목표를 모두 이해하고 기억하고 있었다. 그는 나를 자신의 후임자로 선택해 주었다. 나의 미래는 내가 예상하지 못한 순간에 진심을 이야기하고 표현하였던 그 순간을 통해 찾아올 수 있다. 하지만 이러한 운명적 기회는 이야기를 경청해주고 그 이야기에 진심으로 공감해 줄 수 있는 리더가 있을 때 가능한 것이다. 리더에게 경청의 힘은 새로운 가능성과 미래를 열어줄 수 있는 열쇠와 같다.

:: 파워 리스너가 되기 위해 생각해야 할 것들

- 상대방과의 협의와 합의를 위해서는 먼저 서로의 목적이 무엇인가를 파악하라.
- 자기 생각과 주장이 먼저여야 한다는 생각을 떨쳐 내자.
- 상대방의 말을 많이 들을수록 많은 정보를 얻을 수 있고 상대방을 이해할 수 있다.
- 상대방의 말을 들을 때에는 집중하고, 핵심 내용과 상대방의 의도를 이해하자.
- 대부분의 경우 상대방과의 대화 속에 해결점이 있다는 것을 기억하라.
- 주장하지 않아도 상대방의 의견을 자연스럽게 유도하여 동의를 얻어 낼 수 있다.
- 공감을 바탕으로 하는 대화는 진실성이 우선되기 때문에 오랫동안 힘을 발휘한다.
- 듣고 싶은 것을 들으려고 하지 말라. 상대방의 솔직한 마음을 이해할 수 있도록 대화에 공감하며 인내하라.
- 대화를 나눈 후 진실성을 가지고 신뢰하고 감사하며, 서로의 관계를 더욱 공고하게 하라.

참고문헌
고어 코리아 공식 웹사이트(http://kr.www.gore.com)

얌 브랜즈(Yum! Brands)
- ICON SPEAKER

청중을 매료시키는 프레젠테이션

　상대방을 잘 이해하고 공감하는 능력을 갖춘 리더의 말에는 강한 힘이 있다. 글로벌 기업에서 일을 하다 보면 종종 공개적인 연설이나 프레젠테이션에 매우 뛰어난 재능을 발휘하는 인재들을 만나게 된다. 그들의 특징은 여유 있고 자신감 넘치는 태도와 적정한 유머 그리고 깊은 전문 지식 등을 통해 청중들의 관심을 사로잡는다는 것이다.
　진정한 스피치의 고수들은 내가 전달하고자 하는 메시지에 집중하기보다는 청중들이 어떤 메시지를 듣고 싶은가에 더욱 많은 관심을 기울인다. 그리고 전달하고자 하는 메시지를 어떻게 청중의 필요와 융화시켜 전달하는지에 집중한다. 많은 사람 앞에서 회사의 전략과 비전을 소개하는 글로벌 CEO들에게 프레젠테이션의 능력은 갖추어야 할 중요한 요소 중의 하나이다.

전 세계 약 125개국에 4만여 개가 넘는 패스트푸드 체인을 소유하고 있는 YUM 그룹은 KFC, 피자헛 그리고 타코벨을 운영하는 세계 최대 규모의 프랜차이즈 기업이다.

이 회사에서 근무하며 수많은 글로벌 리더들의 프레젠테이션을 접할 수 있었다. YUM 그룹은 기본적으로 프랜차이즈, 즉 가맹사업을 주목적으로 하는 기업으로 매년 수천 명의 가맹사업 파트너를 초청하여 대규모 컨벤션을 개최한다.

당시 타코벨 글로벌 최고 경영 책임자(CEO)였던 그렉 회장은 미국 내 약 7천여 개의 레스토랑 사업자들을 초청하여 한 해의 사업 성과에 관해 설명하는 프레젠테이션에서 인상적이고 감동적인 스피치를 선사해주었다.

"어려운 시장 환경 속에서도 독보적으로 좋은 사업 성과가 나올 수 있던 결과는 바로 가맹점주 여러분들의 타코벨 브랜드에 대한 사랑과 고객 만족을 위한 공헌이 있었기에 가능하였습니다. 이에 깊은 감사를 표합니다." 그 후 무대 위로 미국 서부의 샌프란시스코 지역 타코벨 가맹점주를 초대해 매출을 넘어 최고의 고객서비스 매장이 될 수 있었던 비결을 설명해주었다. 그 비결은 매장

직원들을 고등학생 때부터 파트 타이머로 고용하여 10년 이상 넘도록 한 가족처럼 지내면서 직원들의 어려운 가정환경을 보살피고 교육비를 후원해주는 등 든든한 후원자의 역할을 해주었던 것이다. 단순한 점주와 점원의 관계를 넘어 오랫동안 한마음이 되어 일하며 직원들은 더욱 충성스러운 마음으로 최고의 고객 서비스를 이루어 낼 수 있었고 그것이 결국 가맹주에게는 큰 성공의 요인이 되었다.

이어서 그렉 회장은 "고객의 경험과 만족은 그 매장 직원의 만족도와 직결됩니다."라며 함께 일하는 직원들의 만족이 고객에 대한 사랑과 서비스로 이어질 수 있다는 핵심적인 이야기로 청중들에게 울림 있는 메시지를 전했다. 실제로 그날의 컨벤션에 참석한 사람들은 샌프란시스코 가맹주의 스토리에 감동하며 커다란 박수와 환호를 보냈다.

그날 모인 수천 명의 가맹점주의 관심은 무엇이었을까? 그것은 아마도 같은 입장의 가맹점주가 어떻게 최고의 실적과 고객 서비스를 이루어 낼 수 있었는가가 가장 큰 관심이었을 것이다. 그렉 회장은 가맹점주들의 이러한 관심사를 가장 잘 이해하고 있었다. 그렇기 때문에 그는 그는 매출을 넘어 가맹점주가 직원들을 어떻게 대우했으며, 직원들과 어떻게 한 가족으로 함께 일을 할 수 있었는지를 가맹점주의 말을 통해 생생한 메시지로 전달한 것이다.

그러한 메시지를 고객 서비스 책임자나 마케팅 혹은 영업 책임자가 전했다면 아마도 마음에 직접적으로 와닿지 않는 이야기로 들려질 수도 있었을 것이다. 청중의 마음을 알고 내가 원하는 바를 청중이 원하는 방식으로 전달했을 때 그 메시지는 강력한 전달력을 발휘한다. 강력한 전달력은 사람들의 마음을 움직이며 그로 인해 새로운 행동을 발생시킨다. 뿐만아니라 개선되고 발전되고 확장되는 가치를 창출해 낼 수 있다.

그렉 회장은 지금까지도 뛰어난 경영 능력과 함께 사람들의 마음을 이끄는 리더로 평가받는다. 뿐만 아니라 그는 타코벨을 매년 두 자릿수 이상 매출로 성장시키며 수년간 최고의 사업 결과를 창출하였다. 이후 2015년에는 얌 브랜즈(YUM! Brands) 기업 전체의 회장직으로 선출되어 전 세계 글로벌 시장에서 KFC, 피자헛 그리고 타코벨 브랜드를 급성장시켰으며, 사상 최고의 주가를 올리기도 하였다. 그는 성공적으로 회사의 비전을 실현하였고 2019년 12월 31일을 기점으로 그룹에서 명예롭게 은퇴하게 되었다.

글로벌 회사에 근무하며 글로벌 CEO뿐만 아니라 많은 비즈니스 리더들이 전 세계 청중들 앞에서 인상적이고 강력한 전달력을 지닌 연설과 프레젠테이션을 하는 것을 직간접적으로 경험하는 기회가 많았다. 이러한 프리젠터들에게는 자신만의 고유한 능력과 스토리 라인이 존재한다. 자신만의 스토리 라인과 창의적 방식으로 많은 청중에게 자신 있게 그리고 인상적으로 마음을 움직일 수 있는 프레젠테이션을 할 수 있는 능력은 글로벌 리더의 핵심 요소이다.

PART II

앞서 〈Part I〉에서는 우리가 일해야 하는 이유와 목적, 그리고 그 목표를 향해 성장하고 성취해가는 과정을 필자의 개인적인 경험과 리더들의 사례로 함께 소개하였다.

이제 〈Part II〉에서는 앞으로 여러분들이 취업을 준비하거나 자신의 커리어를 개발해 가는 데 있어 실질적인 도움이 될 수 있는 방향을 소개하고자 한다.

취업하거나 이직을 하는 것은 단기적인 목표가 될 수 있으나 최종의 목표는 아니다. 장기적인 관점과 호흡, 그리고 내가 정말 원하고 그 분야의 최고가 되고 싶다는 목표를 가지고 여정을 준비하기를 바란다. 회사는 내가 가장 성취하고 싶은 목표를 이루기 위한 과정이자 나를 성장시켜 나가는 선의의 경쟁과 배움의 장이다. 그 여정을 떠나기 전 진지하게 자기 자신을 돌아보기를 바란다.

▸ 나는 왜 일을 하는가?

▸ 무엇을 이루고 싶은가?

▸ 내가 가장 잘 할 수 있는 일과 분야는 어떤 것인가?

▸ 지금의 일이 나를 발전시키고 성장시켜주는 일인가?

▸ 나의 다음 발걸음은 어디로 향할 것인가?

▸ 그 발걸음을 위해 나는 오늘 무슨 일을 하고 있는가?

그 누구도 이에 대한 답을 알려 줄 수 없다. 모든 답은 자신의 마음 안에 있기 때문이다.

앞으로 전개될 내용이 나 자신을 위한 해답을 찾아가는 데 조금이나마 도움이 되기를 바란다.

1.

'내가 원하는 곳에서 일하기'
- 나만의 특별한 회사 찾기

글로벌 리그의 기회

글로벌 리그

다소 생소하고 막연하게 들릴 수 있는 용어이다. 글로벌 리그는 해외 스포츠 리그와 같은 어떤 단체나 그룹이 아니다. 글로벌 리그는 우리가 목표로 하는 꿈을 펼칠 가능성의 무대라고 정의할 수 있다.

손흥민과 류현진 선수. 이 두 선수는 전세계에서 최고의 실력과 기술로 글로벌 스포츠 리그를 이끌어가는 가장 대표적인 한국인들이라 말 할 수 있을 것이다. 이들의 공통점은 무엇인가? 이들은 자신만의 목표와 비전을 갖고 세계 무대를 꿈꾸었고, 그것을 이루기 위해 철저히 준비했다는 것이다. 그리고 이들은 넓은 세계 무대에서 최고의 선수들이 되었다. 글로벌 빅리그 스포츠 선수들의 가치는 상상을 초월한다. 이 가치는 꿈을 향한 피나는 노력과 온 힘을 다하여 자신을 세계 최고의 수준으로 만든 결과이자 대가이다.

그렇다면 우리 주위에도 세계적인 경쟁력과 역량을 갖춘 글로벌 인재들이 존재하고 있을까? 우리 가까이에도 전 세계 무대에서 자신만의 전문 영역으로 글로벌 경쟁력을 갖추고 마음껏 능력을 펼쳐 나가는 글로벌 인재들이 적지 않게 있다. 그들에게 글로벌 리그는 자신의 능력을 펼쳐 나가는 장이며, 전세계 시장에서 다양한 국적의 인재들과 경쟁하고 그에 따른 성과와 보상을 거두는 기회의 땅이다.

'코이의 법칙'이라는 용어를 한 번쯤 들어 보았을 것이다. 관상어의 일종으로 이 비단잉어 코이는 살아가는 환경에 따라 크기가 다르게 성장한다. 코이는 작은 어항에 넣어두면 5-8cm밖에 자라지 않지만 커다란 연못에 넣어두면 15-25cm까지, 그리고 강물에 방류하면 90-120cm까지도 성장한다고 한다. 이처럼 사람도 환경에 따라서 능력과 성장의 크기가 달라진다. 우리의 주변환경과 여건, 그리고 함께 생활하는 관계 속에서도 코이의 법칙은 그대로 적용된다. 세계 각국에서 모인 사람들과 함께 일할 수 있는 환경에서 능력의 크기가 다른 많은 사람과 서로 보고 듣고 배우는 가운데 나 자신의 능력이 개발되고 사고가 넓어지며 도전하는 정신의 폭도 훨씬 더 커질 것이다.

더 넓은 기회의 땅을 바라보라. 그 기회의 땅에 마음을 두는 사람들은 글로벌 시장에 첫발을 내딛게 될 것이다. 그리고 더욱 커다란 물고기로 자라날 가능성을 얻게 될 것이다.

:: 빅 픽쳐를 보자.

OECD 경제 전망 보고서에 따르면 2019년 한국의 경제 성장률을 2.4%에서 2.2%로 낮추어 전망하였다. 글로벌 경제의 막강한 영향력을 가진 금융기관인 S&P와 모건스탠리 역시 한국의 경제 성장률을 1%대로 전망하며 국내 경제의 어려움을 예견하였다. 반면 미국, 유럽연합, 영국 등 G7 국가들의 경제성장률은 작년 대비 상향 조정되었으며 저성장시대에도 불구하고 세계 경제 흐름을 이끌어 나갈 것으로 전망했다.

경기 지표는 고용 창출과 취업률에 직접적인 연관성을 가진다. 경제성장률의 저하는 기업의 직간접 생산 및 생산 설비 투자에 적신호를 나타낼 뿐만 아니라 기업의 고용 창출력의 저해 요인으로 작용한다. 또한 국내 총생산 및 소비량을 위축시키게 되어 국내 경제가 지속적인 저성장 사이클로 이어질 가능성이 높다. 이에 대한 정부의 대책 및 규제 완화 등의 조치가 국내 경기 회복에 도움을 주기도 하고 고용 창출에 기여하기도 하지만, 민간 영역에 있어 직접적이고 즉각적인 효과가 나타나기에는 오랜 시간이 걸릴 수도 있다.

하지만 한 가지 주목해야 할 것은 한국의 경제 상황과 글로벌 경제 상황이 항상 일치하지는 않는다는 것이다. 최근 급변하는 혁신 경제 환경에서는 산업의 생산성과 소비, 새로운 성장 플랫폼을 빠르게 개척해 나갈 수 있는 자율 시장 환경이 활발하게 이루어져야만 새로운 사업의 기회와 고용의 창출이 증대될 수 있다. 이러한 이유에서 우리는 국내 경제 상황뿐만 아니라 글로벌 경제 환경의 빅픽쳐에 주목함으로써 더욱 큰 시장의 기회가 어느 곳에 있는지를 파악해야 한다.

:: Tailwind vs Headwind

올해 초까지의 다우지수를 살펴보면 현재의 미국 경기를 쉽게 체감할 수 있다. 미국-중국 간의 무역 분쟁, 영국의 브렉시트 등 격변하는 글로벌 환경 속에서도 다우지수는 사상 최고치를 경신하였다. 미국 연방준비제도(FED) 역시 사상 초유의 저금리 기조를 이어가며 미국 경제에 풍부한 유동성을 공급하면서 지속적인 성장을 뒷받침하고 있다. 앞으로 언제까지 이러한 순풍 기조가 이어질지 아무도 예견할 수 없지만, 초 경쟁 시대를 살아가는 우리에게 시사하는 바는 분명하다.

　기업이 좋은 실적을 내고 이윤을 확대하여 적극적인 투자를 하고, 민간소비가 이를 뒷받침하여 준다면 어떤 일이 벌어지겠는가? 자연스럽게 경제성장과 그에 따른 고용 확대가 이어질 것이다.

　현재 글로벌 사업의 주도권을 가진 다수의 미국 기업들은 공격적인 경영 확대를 이어 가고 있으며, 더욱 큰 사업 성과를 위해 전 세계의 우수한 인재와 전문가를 채용하고 양성하는데 많은 투자와 노력을 기울이고 있다.

　이제까지의 이야기들은 우리의 시선이 어디를 향해야 할지를 말해준다. 물론 국내에서도 세계적인 글로벌 기업들과 어깨를 견주는 우수한 기업들이 있다. 또한, 최근의 국내 혁신 기업들은 지속적인 경영 혁신과 새로운 산업 모델을 창출함으로써 국내 산업에 새로운 활력과 가능성을 만들어가고 있다. 최근의 핫뉴스로 등장했던 국내 최대 음식 배달 앱 서비스 회사 "배달의 민족"과 독일계 자본 회사 "딜리버리 히어로" 간의 인수 합병 사건을 생각해 보자. 이것은 우리의 경영환경이 급변하고 있을 뿐만 아니라 새로운 혁신과 융합을 통해 글로벌 비즈니스의 성장을 추구하고 있다는 것을 보여준다. 또한, 글로벌 경쟁 환경에서 단지 생존하는 것을 넘어 지속적인 성장 발전을 위한 전략적 방향성에 대해 시사하는 바가 크다.

결론적으로, 우리의 눈을 국내 상황에만 국한할 것이 아니라 전 세계적인 글로벌 기업의 발전 가능성에 맞추어야 한다. 우리가 시선의 폭을 넓힐 때 새로운 가능성이 보일 것이다.

:: 성장이 있는 곳에 기회가 있다.

성장과 기회는 비례한다. 큰 성장이 있는 곳에 다양하고 많은 기회가 존재한다. 반대로 생각하면 기회가 있는 곳에서 더 많은 성장이 일어날 수 있다. 하지만 기억해야 할 것은 기회는 그 기회를 목표로 준비하는 사람들만이 얻을 수 있다.

현재 글로벌 시장 환경의 흐름 속에서 독보적인 성장을 주도하고 있는 기업들은 어떻게 사업을 전개하고 성장시켜 나가는 것일까? 글로벌 경제 시장의 흐름 속에서 나를 위한 기회는 존재하는가? 나는 기회를 잡을 수 있는 준비된 인재인가? 이러한 질문들은 자신의 미래를 변화시킬 수 있는 중대한 질문이다.

이 중대한 질문에 대한 내 생각은 이렇다. 글로벌 시장에서의 취업 기회는 우리가 생각하는 것 이상으로 열려 있다. 다만 우리는 이러한 성장의 기회를 어디에서 찾을 수 있는지 익숙하지 않기에 잘 모르고 있을 뿐이다. 그렇기에 우리는 더욱 과감히 글로벌 기업들의 다양한 기회에 도전하여 적극적으로 찾아내야 한다. 그렇다면 현재 우리가 해야 할 일은 무엇일까? 이루고자 하는 목표에 적합한 인재가 되기 위해 나 자신을 준비하고 만들어가야 한다. 이 과정에서 반드시 개개인의 역량은 성장할 것이다.

아울러 우리가 유의해야 할 것은 글로벌 기업들의 채용 기회를 찾을 때 경제 지표에서 보이는 숫자와 성장률에만 관심을 두는 것이 아니라, 내가 가진 비전과 경쟁력이 균형을 이루며 목표로 하는 기업에 부가 가치를 창출해낼 수 있는지를 충분하게 고려해 보아야 한다. 전체를 보는 눈으로 바라보는 동시에 작은 부분을 볼 수 있는 세밀한 눈으로 자신의 역량을 발휘할 수 있는 기업과 분야를 찾아 내야 한다.

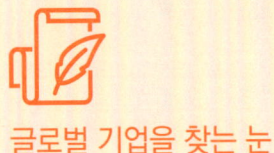

글로벌 기업을 찾는 눈

전 세계가 인정하는 미국의 경제잡지 포츈지는 매년 전 세계 기업들의 자산 가치를 평가하여 '포츈 글로벌 500'이라는 기업가치 순위를 발표한다. '포츈 글로벌 500'은 주식 가치가 공개된 전 세계 기업들을 대상으로 매년 매출총액에 따라 발표하는 등급 순위이다. 이 순위는 기업의 실적 동향과 경영상태를 판단하는 척도로 전 세계 유수의 기관과 언론에서 인용된다.

지난 10년간 순위의 상위권은 대부분 석유화학 기업 또는 자동차 관련 제조 기업이었다. 이를 통해서 알 수 있듯이 지난 10년 동안 세계 경제를 움직이는 원동력은 전통적 소매, 제조 및 기간 산업이었다는 것을 알 수 있다. 하지만 최근 5년간 산업 트렌드는 급변했다. 우리가 잘 알고 있듯 애플, 구글, 삼성 등 하이테크 기업들의 약진이 가장 두드러지게 나타나고 있다.

2019년 포춘 글로벌 500의 1위는 전통 소매업의 대표 주자인 월마트가 차지하였다. 그러나 주목해야 할 것은 월마트의 가장 큰 위협이자 경쟁상대인 아마존의 급성장이다. 아마존은 2018년 대비 매출 성장 30%를 이루어 내면서 5계단이 한꺼번에 오른 13위로 월마트의 뒤를 바짝 쫓고 있다. 이뿐만 아니라, 아마존은 단순히 온라인 상거래 플랫폼을 뛰어넘어 AI를 기반으로 한 4차 산업의 대표적 혁신 기업으로 전 세계 글로벌 경제를 이끌어 갈 것으로 보고 있다. 기술과 혁신의 아이콘 애플은 11위, 알파벳 구글은 37위, 국내 기업인 삼성전자는 15위를 차지하면서 글로벌 하이테크 기반 기업들은 비약적 성장과 산업 트렌드의 커다란 변혁을 만들어내고 있다.

글로벌 포춘 500 리스트만 살펴보더라도 우리는 국내에서도 쉽게 찾아볼 수 있는 글로벌 회사들이 많다는 것을 알 수 있다. 이것은 당연한 결과이다. 글로벌 시장 경제를 이끌어가는 기업들은 혁신과 성장을 주도하면서 전세계 시장으로 더 많이, 더 넓게 진출했기 때문이다. 이렇듯 위에서 살펴본 글로벌 경제 환경의 흐름이 우리에게 시사하는 바가 무엇인가?

글로벌 대기업들의 혁신과 변화는 우리에게 더욱 많은 고용의 기회를 가져다준다 라는 것이다. 급변하는 세계 경제의 환경과 흐름을 읽지 못하고 국내 산업에만 의존하여 미래를 개척하고자 한다면 우리는 제한된 가능성과 한정된 기회 앞에서 더욱더 치열한 경쟁을 해야 할 것이다.

● 홈페이지 사진(포츈 - www.fortune.com)

글로벌 인재가 되기 위해서는 글로벌 시장을 바라보고 기업들이 어떤 분야에서 어떤 성장을 주도하고 있는지 관심을 두고 면밀하게 살펴보아야 한다. 국내에서 활동하고 있는 외국자본 회사의 수는 얼마나 될까? 대략 1만 8천여 개가 넘는다. 이러한 기업들은 국내는 물론 세계의 다양한 국가에서 사업을 펼치고 있다. 이것은 단순히 국내에서의 고용 창출을 넘어 세계 여러 국가에서 고용의 기회가 있다는 것을 뜻한다. 이러한 기회들은 글로벌한 환경에서 일자리를 제공함으로써 다양한 경력과 우수한 경쟁력을 만들수 있는 관문이 될 수 있다.

글로벌 기업은 전 세계적으로 사업을 펼치고 이익을 추구해 나가는 기업이며 거의 모든 분야에서 각기 다른 도전과 경쟁에 마주하고 있다. 따라서 단순히 기업 규모 순위로 자신이 함께할 회사를 찾기에는 한계가 있다. 각 기업이 속한 산업 분야가 다르므로 단순히 순위만으로 자신에게 맞는 회사를 찾는 것은 바람직하지 않다. 하지만 외국계 기업의 정보나 순위가 궁금하다면 '포츈'이나 'CNN' 등을 통해 업종 내 순위를 참고하는 것은 도움이 될 수 있다.

기업의 순위나 인지도는 중요한 고려 요소이지만 그보다 더 중요한 것은 자신의 능력에 맞는 직무이다. 자신의 직무를 우선으로 기업을 찾아보기를 추천한다. 그리고 각 직무 분야에서 어떤 기업들이 국내외에서 사업을 전개하고 있으며, 해당 회사의 사업 성과, 향후 전망, 인재 채용 계획 등을 살펴보아야 한다. 또한, 회사들에 대한 다양하고 깊이 있는 지식을 꾸준히 쌓아 가고 수집하는 것이 중요하다.

외국계 기업은 공개 채용보다 필요할 때마다 수시로 채용하는 방식을 선호한다고 볼 수 있다. 희망하는 직무가 정해졌다면 여러 관심 회사를 후보에 두고 수시로 채용 정보를 파악하고 적극적으로 문을 두드려야 할 것이다.

외국계 기업은 국내의 구직 사이트나 포털 사이트의 검색으로 채용의 기회를 찾기가 어렵다. 따라서 관심 회사들에 대한 '정보력'이 가장 중요하기 때문에 반드시 기업들의 정보를 찾을 수 있는 루트가 필요하다.

기업구조와 회사 매출 규모, 영업 이익, 재무 안정성 등을 꼼꼼히 살펴보면서 기업의 현재 상황과 성장 가능성을 판단하는 것은 매우 중요하다. 이에 외국 기업에 관한 정보를 찾는 데 몇 가지 방법을 추천하고자 한다.

:: 외국계 기업 정보사이트를 즐겨 찾기 해놓자.

외국계 기업들의 정보를 한눈에 알 수 있는 피플앤잡(peoplenjob.com)이나 주한미국상공회의소(amcham.org), 유럽연합상공회의소(eucck.org) 등을 즐겨 찾기로 해놓고 수시로 채용상황을 확인해 나가면 다양하고 유용한 회사의 국내 활동과 채용 동향을 파악할 수 있다. CNN Business(cnn.com/business)는 미국 기업의 경제 정보를 확인하기에 적합하다. 기업의 경제 자산, 인수 합병, 분리 등의 기업 상황을 효과적으로 찾아볼 수 있다. 이뿐만 아니라 최근에는 글래스도어(glassdoor.com)를 통해 글로벌 기업의 면접 난이도, 근무 환경 및 만족도, 구직자 인터뷰 후기, 직급별 평균 연봉 수준 등을 매우 잘 파악할 수 있어 글로벌 기업에서 근무하며 이직을 해야 하거나 외국계 기업에 취업을 준비하는 사람들에게 매우 유용한 정보 사이트로 활용되고 있다.

● 홈페이지 사진(글래스도어 - www.glassdoor.com)

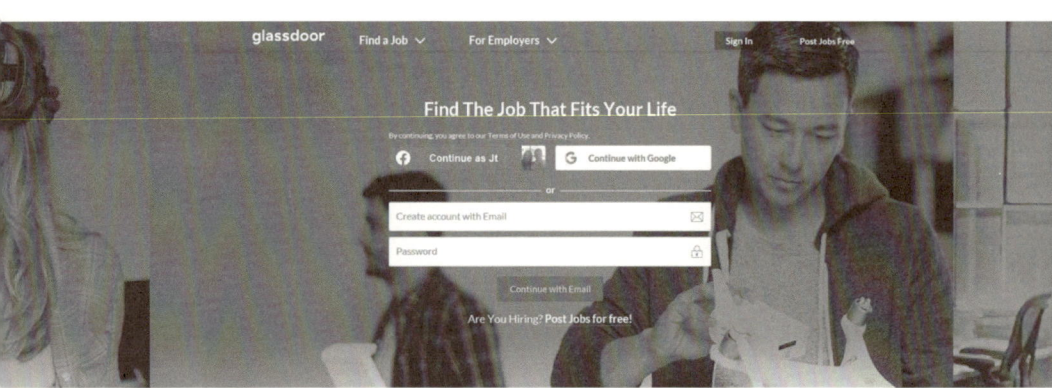

:: 외국계 기업 채용 박람회를 찾아가자.

외국계 기업들 가운데 국내에 직접 투자회사를 설립한 중대형 외국계 기업들은 매년 채용 박람회를 진행한다. 이 박람회는 자신이 희망하는 외국계 기업의 인사 담당자를 직접 만나거나, 해당 기업의 정보를 현재 근무하고 있는 직원들로부터 직접 들을 수 있는 기회를 제공한다. 이 때문에 취업 준비생들이 매년 기다리는 행사이기도 하다. 하지만 이러한 행사에는 많은 인원이 한 번에 모여 경쟁하기 때문에 희망하는 기업이 있다면 그 기업에 대한 자세한 정보를 가지고 차별화된 면접 준비를 하는 것이 더욱 필요하다.

대규모로 진행되는 취업 박람회를 활용할 수도 있지만 각 대학이나 대학원을 통해 기업들이 직접 주관하는 캠퍼스 리쿠르팅 투어를 활용할 수도 있다. 다만 이러한 기회 또한 제한적이고 단기간에 이루어지기 때문에 짧은 시간 안에 정확한 사전 준비와 질문내용 등을 미리 정리해야 한다. 이 때가 아니면 만나기 어려운 채용 담당자와의 만남을 통해 많은 정보를 얻고 원하는 대답을 들을 수 있도록 준비를 철저히 해야 한다.

:: 경력자라면 소셜 커리어 네트워크를 적극 활용하자.

　글로벌 커리어 네트워크 플랫폼 '링크드인(Linkedin)'은 글로벌 기업 인재들과 채용 전문가들이 공유하는 소셜 네트워크이다. 글로벌 기업들은 대부분 링크드인을 통해 회사를 소개하고 홍보하고 있으며, 주요 경영진이나 임직원들은 다양한 산업 분야에서 자신의 직무를 뛰어넘어 활발히 상호 교류한다. 최근에는 점점 더 많은 기업이 이러한 링크드인을 통해 채용 공고를 내고 직접 인재를 선발하는 사례들이 많아지고 있다.

　이러한 추세로, 개개인은 여러 글로벌 기업의 인사 담당자와 직

● 홈페이지 사진 (링크드인 - www.linkedin.com)

접 소통하며 자신을 소개하고, 자신의 콘텐츠를 포스팅하며 다양한 생각과 의견을 교류한다.

이를 통해 기업과 인재들이 모두 상호 win-win 하는 직접적이고도 효과적인 고용 창출을 할 수 있다. 또한 링크드인은 개인의 주요 직무 역량이나 관심 직무 등에 맞추어 개인에게 최적화된 맞춤형 채용공고를 제공하며 이를 공유하는 전문 채용 담당자나 관련 회사의 링크드인 페이지를 통해서도 직접 지원을 할 수 있다.

글로벌 기업 문화의 이해

글로벌 기업이라고 하면 먼저 영어라는 언어장벽을 떠올릴 수 있다. 또한, 언어를 넘어 문화적 차이에 대해서도 막연하고 어렵다는 생각이 들 수 있다. 요즈음 TV 광고, 유튜브, SNS 채널들은 영어 학습 및 영어 강의 관련 콘텐츠를 다양하게 제공하고 있다. 과거에나 지금이나 우리나라 사람들의 영어에 대한 갈망은 여전하다. 그만큼 우리가 성장하고 새로운 기회를 얻기 위해서는 영어의 필요성이 두말할 것 없이 필수적이기 때문일 것이다.

현재 대부분의 영어 교육에 있어 아쉬운 점은 특정 상황에 필요한 기술적이고 기능적인 면에 크게 치우쳐 있다는 것이다. 기술적이고 기능적인 능력만으로 언어의 실력을 평가할 수도 있겠지만, 근본적으로 이 언어를 사용하는 사람들의 생활 방식과 문화를 이해해야만 한다. 이러한 바탕이 없다면 상호간의 유연하고 지속적인 대화를 이어가는데 한계에 부딪히게 될 것이다.

우리가 글로벌 기업에서 외국인과 함께 근무한다고 했을 때를 상상해 보자. 이는 단순히 언어능력이나 실력만으로 해결될 문제가 아니다. 기업과 사람의 문화와 가치관을 함께 나누고, 이해하고, 공유할 수 있는 다양성과 관계성이 요구될 것이다.

우리가 처음부터 해외에서 태어나거나 오랫동안 살아보지 않는 한, 그들의 생활방식과 문화를 이해하고 사람간의 깊이 있는 관계성이나 친화력을 갖기가 쉽지는 않을 것이다. 그것은 책이나 학습을 통해 얻어지는 것이 아니라 직간접적인 경험을 통해서 얻어나가는 것이기 때문이다. 해외에서 유학하는 학생들도 몇 년이라는 짧은 시간에 다른 나라의 생활방식과 문화 및 가치를 이해하고 공유하기란 쉽지 않다.

하지만 우리는 사회관계망 네트워크의 시대를 살아가고 있다. 우리는 여행이나 어학연수 또는 직간접적으로 알게 된 사람들을 통해 이야기를 나누고 경험을 나누며 살아갈 수 있는 환경 속에 살고 있다. 우리는 페이스북, 링크드인, 인스타그램 등을 이용하여 우리의 삶과 생활 방식, 커리어 개발을 공유하고 자신의 경험과 의견 가치 등을 나누어 가면서 우리가 속한 국지적 환경을 초월하여 서로를 깊게 이해할 수 있을 것이다. 또한 적극적으로 국제적인 사회, 문화, 스포츠, 여행 등 다채로운 커뮤니티 활동을 통해 소통과 활동의 장을 과감하게 넓혀 나가기를 추천한다. 기회는 도전하는 자에게 반드시 다가온다.

때때로 취업과 관련하여 여러 이야기를 듣게 된다. "어렵게 취업 또는 이직했는데, 실제로 일을 해보니 회사 분위기가 내가 생각한 것과 너무 다르고 나의 적성과 맞지 않는 것 같아요. 다른 외국 회사들도 비슷한 것인지 의구심이 듭니다. 이직해야 할지 고민이 됩니다." 안타깝게도 이와 같은 이야기들을 적지 않게 듣게 된다.

앞에서도 강조했듯이 다양하고 국제적인 환경을 이해하고 함께 일할 수 있는 문화를 익히는 것은 매우 중요하다. 그뿐만 아니라 각각의 글로벌 회사가 가진 고유의 특성과 기업 문화를 익히는 것이 중요하다. 기업의 문화를 잘 이해하는 것은 직무를 잘 이해하는 것 이상 중요한 부분이다. 아무리 직무가 나와 맞는다고 하더라도 전체적인 기업 문화가 나의 업무수행 방식이나 생활방식과 맞지 않는다면 그 기업에서 장기적으로 커리어를 성장시키는 것은 매우 어려울 것이다.

외국계 기업이 가진 특성이나 방식은 모두 다양하다.

외국 기업의 입사를 준비하는 사람들을 위해 간략하게 외국계 기업 문화의 특성과 그에 따른 중요한 시사점을 몇 가지 소개하고자 한다.

직무 기술서가 당신의 경력과 완벽하게 일치하고, 인사담당자와의 면접에서도 만족스러운 결과를 얻었다고 가정해보자. 하지만 일을 시작한 뒤 어느 순간, 회사와 당신 사이의 기대가 다르다는 것을 느낄 때가 있을 것이다. 또한, 이직을 준비하면서 '외국계 기업으로 이직하고 싶은데 내 적성에 잘 맞을까?' 라고 한 번쯤은 고민해 보았을 것이다.

기업 문화는 업무 분위기 및 기업 내의 윤리적 기준을 넘어 회사 경영진의 결정에도 영향을 미친다. 기업 문화와 맞지 않는 직원들은 대부분 직장을 떠나거나, 전과 비교해서 낮은 생산성을 보여준다. 이 때문에 기업을 찾을 때 업무에 대한 금전적인 보상 못지않게 자신과 맞는 기업 문화를 가진 회사를 찾는 것이 더 중요하다.

:: 기업문화란?

　기업문화는 일반적으로 조직의 전반적인 성향과 신념, 그리고 회사 내부의 관습과 규범으로 정의할 수 있을 것이다. 쉽게 말하자면 기업 공동체에서 함께 공유되고 존중되는 직원들의 가치관이나 태도라고 할 수 있을 것이다. 산업별로 기업의 문화가 다르고, 국내 기업과 외국계 기업의 문화가 다르고, 같은 산업 분야라 할지라도 기업마다 각각의 특성이 존재한다. 예를 들어, 새로운 직원의 주도적인 성격과 형식에 얽매이지 않는 대인관계가 어떤 기업에서는 경영진과 관리자의 기대치와 다를 수도 있다. 이러한 기대치의 이견은 서로에게 이질감을 주고 관리자에게는 새로운 직원이 회사와 어울리지 않다는 인상을 줄 수도 있다. 내가 생각할 때 보편적으로 타당하다고 생각되는 방식이라 할지라도 기업의 분위기나 문화와 다를 수 있다. 이 때문에 각 회사가 지닌 고유한 문화적 가치와 인재상을 잘 살펴보아야 한다.

:: 외국계 기업 문화 특징 1 : 다양성(Diversity)

외국계 혹은 글로벌 기업에서 근무하는 인재들에게 필요한 것은 전 세계의 다른 인종과 성별, 그리고 문화를 이해하고 포용할 수 있는 다양성과, 한국만의 독특한 비즈니스 매너와 사회적 관습을 뛰어넘는 유연성이라 할 수 있다. 국내 기업에서는 조직 전체의 기능을 중요시하기 때문에 조직에 어울리며 협력하는 능력을 선호한다. 예를 들어 같은 팀의 직원이 주말에 근무하거나 상사가 늦게까지 일을 하는 경우, 동료의 일을 함께 돕거나 상사와 함께 늦게까지 야근한다. 이것은 협력과 단합을 중요시하는 한국 기업 문화의 일면이라고 할 수 있다. 그러나 외국계 기업은 개인의 의사와 가치를 더욱 존중한다. 또한 획일적인 것을 요구하지 않는 분위기를 중요시한다. 이것은 직원들을 특정한 가치관에 가두지 않고 다양성을 인정하는 문화이다. 개인의 개성이나 업무수행 방식을 있는 그대로 포용하고 인정하는 방법을 배운다면 외국계 기업에서의 업무도 원만하게 적응해 나 갈 수 있다.

:: 외국계 기업 문화 특징 2 : 개인의 의사표현(Individual Opinion)

글로벌 기업에서는 자신의 의견을 정확하고 확신 있게 표현하는 것이 무엇보다 중요하다. 발언권이나 결정권이 대부분 상사에게 주어지고 팀원은 상사의 지시에 따라 계획대로 업무를 이행하는 수동적인 업무수행 방식을 원하지 않는다. 이렇듯 외국계 기업이나 글로벌 기업에서는 본인의 직책이나 직무에 얽매이지 않고 적극적으로 발언하는 것을 선호한다. 발언의 기회가 평등하다고 해서 모든 발언이 다 동등하고 가치 있게 평가되는 것은 아니다. 개인의 발언은 주제, 목적과 잘 부합하도록 준비되어야 하고 발언은 공동의 이익과 목적에 도움이 되어야 한다. 글로벌 인재로 거듭나기 위해서는 언제나 "내가 할 수 있는 것은 무엇인가?"를 생각하고, 기업의 이익을 토대로 발언하는 자세가 필요하다. 주의할 점은 상대방의 의견이나 공동의 목적에 반하여 지나친 개인의 주장을 내세울 경우 오히려 자신의 평판에 오점을 남길 수 있다는 것을 기억해야 한다는 것이다. 외국계 기업에서 중요한 역량 중 하나는 자신의 의견과 주장을 객관적이고 설득력 있게 펼쳐낼 수 있는 능력이라 할 수 있다.

:: 외국계 기업 문화 특징 3 : 비전(Vision)

외국계 기업은 분명한 비전을 갖고 이를 확고하게 추진하는 인재를 원한다. 여기에서 비전이란 회사의 미래와 함께 공유될 수 있는 나 자신의 목표를 말한다. 회사가 추구하고 이루고자 하는 가치에 나는 다른 생각과 의견을 갖고 일을 한다면 그것은 회사와 개인 서로에게 만족스럽지 못한 결과를 초래하게 된다. 따라서 특히 외국계 기업에서는 적극적으로 회사의 비전과 나의 목표를 부합하고 함께 실행해 나가는 능력이 매우 요구된다. 또한 이러한 비전과 목표를 실행하면서 동료나 상사에게 내가 할 일을 논리적으로 설명하기 위한 전문적인 지식이나 의사소통 능력이 요구된다. 예를 들어, 책임을 맡은 업무 프로젝트에 대한 완성도 높은 자료 조사, 객관적으로 설득력 있는 방향성 등을 탁월한 프레젠테이션을 통해 제시할 수 있는 능력과 함께 상대방의 입장을 포용하고 대변할 줄 아는 자세 등이 필요하다.

나의 주장과 생각만 옳다고 하거나 내가 원하는 목표만 이루고자 한다면 어느 조직에서도 조화롭고 발전적인 성과를 거둘 수 없음은 명백한 일이다. 반대로 회사의 비전과 목표만 중요하고 개인의 생각과 가치가 존중되지 않는다면 그 역시 바람직한 조직 문화를 형성할 수 없다. 회사와 개인에게 모두 비전은 공유되고, 존중되며, 책임감 있게 수행되어야 한다.

:: 외국계 기업 문화 특징 4 : 균형(Balance)

많은 직장인이 조직문화에 불만을 느끼는 주요 요소는 삶과 업무의 불균형이다. 최근의 인재들에게 가장 관심 있는 용어는 '워라밸'(워크 앤 라이프 밸런스의 약자)일 것이다. 높은 연봉, 기업 문화, 개인 성장의 가능성 등 회사를 선택하는 인재들의 기준은 다양하지만, 더 중요한 것은 바로 일과 삶의 균형이다.

최근 일과 삶의 양립 여부를 나타내는 Work & Life Balance가 가장 중요한 선택의 기준이 되고 있다. 업무 시간 이후와 개인의 삶을 명확하게 구분하여 취미 생활이나 여가 활동 등을 통하여 삶의 행복을 추구하는 사람들이 더욱 많아지고 있다. 이 때문에 기업들이 철저한 근무시간 관리를 통하여 직원들의 워라밸을 최대한 존중하고, 직원들이 자신의 행복을 실현할 수 있도록 지원해 주는 것이 채용의 중요한 요건이 되고 있다. 최근의 기업들은 직원들이 업무를 통해 성장하며 성취의 보람을 느끼는 것 이상으로 개인의 삶에서 행복을 영위할 수 있도록 돕는 일에 적극적으로 앞장서고 있다.

대부분의 경우, 이직 과정을 통해 각 기업의 근무시간, 재택 근무의 가능 여부, 탄력근무제 가능 여부 등을 따지게 되면서 현 조직이 얼마나 융통성이 있는지에 대해서 경험하고 비교하게 된다. 이것은 경험으로 이루어지는 것이기 때문에 사전에 이러한 것을 파악하기란 쉽지는 않다. 가능한 면접 단계에서 지원한 포지션에 자신이 적임자인지를 충분히 생각하고, 기업의 문화 혹은 운영 방침 등 회사와 관련된 다양한 정보를 파악하는 것이 좋다. 또한 입사 제의 수락 전에 개인적인 인맥을 통해서 충분히 입사하고자 하는 기업에 관한 정보를 알아보는 것이 필요하다. 물론 여러 사람을 통한 정보는 주관적인 생각, 혹은 지원하는 팀이나 부서와 관련이 없는 정보일 수 있으니 신중하게 판단하는 시간이 필요하다.

결론적으로 글로벌 기업에서 필요로 하는 인재는 어떤 사람인가? 다양한 문화를 이해하고 소통할 수 있는 사람, 기업의 공동 목적을 향해 달려갈 수 있는 사람이다. 개개인의 개성과 능력과 가치를 다양한 글로벌 환경과 사람들 가운데 녹여내는 포용성과 도전정신이 필요하다. 또한, 공동체의 목표와 잘 부합되며 함께 좋은 성과를 거둘 수 있는 협력하는 자세와 효과적인 의사소통의 능력이 필요하다.

이러한 자질을 처음부터 갖춘 사람은 없다. 이러한 지질을 갖추기 위해서는 먼저 자신의 특성과 능력을 잘 이해해야 한다. 그리고 희망하는 기업이 필요로 하는 직무의 목표에 잘 부합되도록 스스로 발전시켜 나가는 것이 무엇보다 중요하다.

2.

'내가 만드는 시간'
- 나만의 특별한 커리어 만들기

내가 일하고 싶은 기업

어떤 회사에서 일하고 싶은가?

매년 전세계에서 경영학을 전공하는 대학생들을 대상으로 한 설문조사에서 가장 일하고 싶은 글로벌 기업 1위는 2년 연속 구글이 차지하였다. 그 뒤를 이어 어니스트앤 영(Ernest & Young), PWC(Price Waterhouse Coopers), 애플, KPMG 등이 있다. 기술 혁신을 기반으로 한 글로벌 테크 기업과 전 세계 회사들을 대상으로 회계 및 경영 컨설팅을 제공하는 회사들이 전 세계 대학생들에게 가장 유망한 직장으로 선망을 받고 있다. 앞으로의 미래를 이끌어 갈 기술 혁신 분야, 안정적이며 경영 활동을 지원하는 컨설팅 등의 직업 분야들은 다른 전통적인 제조 기반 산업 분야보다 평균적으로 높은 임금을 받을 가능성이 크다.

국내의 취업포털 인쿠르트에서 조사한 2019년 대학생이 꼽은 일 하고 싶은 기업 1위에 네이버가 선정되었다. 2위는 최근 방송 및 엔터테인먼트 콘텐츠 기업인 CJ ENM이 차지하였고, 오랫동안 부동의 1위를 지켜온 삼성전자는 3위를 기록하였다. 이것은 직업관의 큰 변화가 아닐 수 없다.

2000년대 초반까지만 하더라도 직장 선택에 있어서 규모가 크고 비교적 안정적인 국내 대기업이 항상 우선이 되었다. 물론 네이버는 이미 연 매출 5조를 넘는 거대기업으로 성장하였고 직원들의 평균 연봉 역시 7천만 원 이상으로 최상위 기업에 속한다. 그러나 네이버와 CJ ENM이 나란히 1-2위에 오른 사실은 확실히 이제는 직업의 안정성이나 보상의 중요성보다 하고 싶은 일의 중요성이 점점 더 강조되는 추세를 보여준다고 할 수 있을 것이다.

• 아시아 학생들의 기업 선호 순위

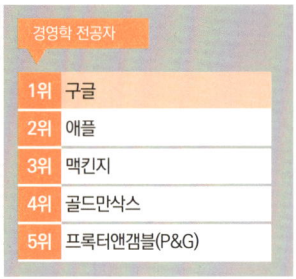

자료출처 : 유니버섬

• 美 가장 일하고 싶은 10대 기업

순위	기업명	직원수(명)
1	구글	6,500
2	지넨테크	9,979
3	워그먼스 푸드 마켓	37,737
4	컨테이너 스토어	2,866
5	홀 푸드 마켓	37,806
6	네트워크 어플라이언스	3,553
7	SC 존슨앤드선	3,400
8	보스턴컨설팅 그룹	1,434
9	메소디스트 병원	9,424
10	WL 고어 앤드 어소시에이츠	4,945

• 美 최고 연봉 10대 기업

순위	기업명	평균 연봉(만달러)
1	닉슨피바디	18,10
2	빙햄매쿠천	18,01
3	알스톤 앤드 버드	16,63
4	아도비시스템	16,11
5	아널드 앤드 포터	15,59
6	EOG리소시스	14,20
7	퍼킨스 코이에	14,20
8	SRA 인터내셔널	12,96
9	보스턴컨설팅 그룹	12,90
10	골드만삭스	12,00

자료출처 : 미국 포츈

• 2018 대학생이 꼽은 가장 일하고 싶은 기업

1위	CJ	6위	아모레퍼시픽
2위	NAVER	7위	LG
3위	삼성전자	8위	신세계
4위	한국전력공사	9위	한국공항공사
5위	인천공항	10위	아시아나항공

자료출처 : 인크루트

단순히 통계 조사에서 보이는 의미 이상으로 자신이 일 하고 싶은 회사가 어떤 회사인가를 스스로 깨닫고 그 회사를 목표로 취업을 준비하는 것은 그 어떤 것보다 중요하다. 지금껏 많은 취업 준비생들은 다수의 기업에서 선호하는 조건과 스펙을 갖추기 위해 달려왔다. 그들의 열정과 노력, 그리고 끈기에 찬사와 박수를 보낸다. 그러나 한편으로 생각해보면, 그 어마어마한 시간과 노력과 열정을 자신이 일하고 싶은 분야와 회사에 쏟을 수 있다면, 앞으로 내가 꿈꾸는 미래를 더욱 가까운 현실로 만들 수 있을 것이다. 또 한 그 목표에 가까이 다가가는 것은 물론 더 빠르고 확실하게 그 목적지까지 도달할 수 있을 것이다.

:: 내가 희망하는 회사를 찾기 위한 단계별 접근 방법

1. 내가 장기적으로 하고 싶고 잘 할 수 있는 직무/직업을 판단한다.
2. 내가 선호하는 직무와 산업 분야에 있는 주요 글로벌 회사들을 선별한다.
3. 기업의 브랜드와 인재에 대한 가치, 그리고 사업 성장 방향 등을 꼼꼼히 파악한다.
4. 기업들이 찾는 인재상과 나의 적성 및 직무 적합도를 판단 후 입사 지원을 준비한다.
5. 기업들의 사업 관련 자료, 직원 동향, 기업 문화를 자세히 검토하고 인터뷰 실전 연습을 한다.
6. 입사 후 나의 5년, 10년의 미래상을 그려보고 그에 맞는 나의 비전을 설정하여 준비한다.

현재 관심이 있고, 일하고 싶은 분야의 회사들에 대해 깊이 있게 생각하고 공부하자. 그리고 자신에게 많은 질문을 하도록 하라. 그 회사에서 면접하고 또 업무를 하게 될 때 어떤 의미와 가치를 발견할 것인가? 그 회사가 추구하는 사업의 가치와 방향이 내 생각과 부합하는가? 나의 열정과 능력이 회사와 나에게 발전을 가져올 수 있는가? 이러한 질문의 과정은 내가 추구하는 방향을 뚜렷하게 보여줄 것이다. 이러한 자기 질문과 검증의 과정을 통해 더욱 확실하고 행복한 직업을 찾을 수 있을 것이다.

세상의 기준은 계속해서 높아지며 다양한 방법과 경험을 요구한다. 기억해야 할 것은 그러한 요구가 꼭 모두에게 적절한 것이 아니라는 것이다. 개개인의 가치는 자신과 맞는 회사에서 빛을 발한다. 자신이 하고 싶고, 잘할 수 있는 일에 집중하라는 말은 불안하게 들릴 수도 있다. 내가 좋아하고 잘하는 일을 회사가 원하지 않는다면 어떻게 할 것인가에 대한 두려움 때문일 수도 있다. 하지만 우리는 세상에서 요구하는 모든 기대에 부응할 수 없다.

인재들은 가장 자신 있는 일, 잘할 수 있는 일을 할 때 에너지와 빛이 난다. 그렇기 때문에 언제나 출발은 하고 싶은 일을 찾는 것이고, 그리고 그에 맞는 회사를 찾아내는 것이다. 그 시작이 확신이 될 때 당신은 이미 목표를 향해 전진하고 있는 것이다. 세상이 원하는 모습을 쫓아가기 보다 내가 원하는 길을 찾고, 과감하고 끈기 있게 나아가자.

"Your time is limited, so don't waste
it living someone else's life."

"당신의 시간은 유한하다.
다른 사람이 원하는 삶을 살지 말고
나 자신의 삶을 추구하라."
- 스티브 잡스 -

회사가 채용하고 싶은 인재

이 장은 앞의 설명한 내용을 잘 뒷받침해 줄 것이다.

중국판 아마존 알리바바는 14억 중국인들에게 없어서는 안 될 필수적인 전자상거래 플랫폼으로 고도의 성장을 거듭하고 있다. 2018년 기준 시가 총액 550조에 달하는 거대 공룡 기업으로 성장한 알리바바는 세계 최고 규모의 외형적 성장에도 불구하고 2019년 기준 58조라는 매출액으로 또다시 전년 대비 50% 이상의 성장을 기록하며 엄청난 기록을 만들었다.

마윈의 고용 철학은 매우 독특하며, 알리바바의 인재에 대한 가치는 알리바바를 지난 20여 년간 세계 최대의 전자상거래 기업으로 만든 근간이 되었다. "똑똑한 사람들은 그들을 이끌어 줄 바보를 필요로 한다. 과학자들로만 이루어진 무리가 있다면 농민이 길을 터 주는 것이 최선이다."라는 유명한 말을 남기며 장융에게 회사의 운명을 맡기고 은퇴했다.

평소에도 마윈은 회사에 필요한 인재에 대하여 매우 뚜렷하고 차별화된 등용 원칙을 가진 것으로 유명하다. "최고의 인재를 찾지 말고 최적의 인재를 찾아라."라는 그의 말은 전 세계 많은 기업에 인재를 찾는 가치를 깨우치는데 큰 획을 그었다.
그렇다면 기업에서 원하는 최적의 인재는 누구인가?

물론 이에 대해 절대적이며 보편적인 답은 없다. 회사마다 원하는 인재상이 다르기 때문이다. 그러므로 조금 더 단순하게 좁혀서 생각해 볼 필요가 있다.
하나의 기업에서 원하는 인재는 그 회사가 필요로 하는 조직적 요구와 사업적 요구에 가장 부합하는 사람일 것이다. 예를 들면 이제 막 새롭게 시작하는 음식 배달 서비스 앱 기반의 회사에서 사업 확장을 위한 영업 개발 담당자를 찾는다고 하자. 이와 같은 자리에 해외 B2B 사업을 전문적으로 개발 및 성장시켜 온 해외 영업 경력자가 가장 적합한 인재라고 판단하기에는 어려울 것이다. 그보다 실질적으로 다양한 음식 브랜드를 유치하고 전국적인 유통망을 넓혀 본 경험을 가진 인재가 사업의 목적과 부합한 인재라고 할 수 있을 것이다.

각 회사는 오늘의 현실과 앞으로의 성장 가능성을 기반으로, 회사의 비전과 문화에 부합하는 인재를 확보함으로써, 회사를 지속적으로 발전시켜 나가는 것을 우선으로 한다. 이러한 회사의 요구에 부합하기 위해서는 그 회사에 대해 깊이 이해하고, 회사가 직면한 도전적 문제들을 고민하며, 앞으로 미래 성장의 원동력에 대한 문제의식과 해결 방향에 대한 깊이 있는 공감을 할 수 있어야 한다. 회사에서 필요로 하는 인재상에 대한 뚜렷한 판단력을 가지고, 그것에 맞게 준비하고 자신을 만들어 가야 할 것이다.

희망하는 회사에 대한 깊이 있는 접근과 진정성이 있어야 경영진의 마음을 움직일 수 있다. 많은 사람들이 우수한 학력이나 스펙 등 평균 이상의 외형적 조건을 갖추었다 하더라도, 회사에 대한 뚜렷한 가치관과 목표 의식을 가진 사람보다 더 큰 확신을 줄 수는 없다. 기업은 면접에서 우연처럼, 아니 필연처럼 '아! 이 사람 이구나.' 라는 세렌디피티(뜻밖의 발견)를 기대한다

모든 기업에 원하는 사람이 되려는 불확실한 노력보다 내가 원하는 기업의 필요한 인재가 되도록 노력하라. 이런 노력은 대학교 졸업을 앞둔 취업 준비생에게만 해당하는 이야기가 아니다. 대학생활을 시작하는 학생들에게도 뚜렷한 목적과 직업관을 가지고 자신이 목표로 하는 기업을 연구하고 경험하기를 적극적으로 권하고

싶다. 나를 위한 기회는 반드시 온다. 그러나 그 기회는 준비가 되었을 때 비로소 빛을 발하게 된다. 내게 다가올 결정적 순간, 기회가 결코 헛되이 지나가지 않도록 자신을 준비시키고 또 준비하자. 핵심은 구체적인 목표를 가지고 준비해 나가는 것이다.

짐 콜린스의 "좋은 기업을 넘어 위대한 기업으로(Good to Great)"에서 위대한 기업으로 도약하는 첫 단계는 회사의 성장 비전이나 전략 수립이 아니라, 위대한 기업은 사람이 먼저(First Who)이고 그 이후에 해야 할 일을 정하는 것(Then What)이라고 과감하게 정의를 내린다. 오늘날의 기업들은 위대한 기업으로 성공하기 위해 어떠한 인재 채용 기준과 과정을 준비하고 있을까? 이는 취업과 이직을 준비하는 사람들에게 매우 핵심적인 요소가 된다.

첫째, 기업들은 과거와 달리 신입사원을 채용하는 경향보다 경력사원 위주의 노동 시장 구조를 지향하고 있다. 그리고 과거에는 한 번 입사하면 정년까지 근무하는 것을 선호하였으나 이제는 경력자들이 다양한 회사를 거쳐 경쟁하며 경력을 개발해 가는 노동 시장으로 빠르게 전환되고 있다. 경력자들의 이직률과 이직 횟수가 현저하게 증가하고 있다. 이로 인해 기업들은 개인의 다양성, 빠른 조직 적응력, 복수 직무 적합성 등을 중요하게 생각한다.

둘째로, 밀레니얼 세대가 앞으로의 주요 근로자층으로 올라서고 있다. 이들은 오늘날 전 세계에서 중요한 세대로 전 세계 인구의 약 3분의 1을 차지하며 특히 아시아 인구에서는 절반 가까이 차지할 만큼 비중이 크다. 2025년에는 세계 노동인구의 75%를 차지할 것으로 전망되며 모든 조직에서 핵심 세대로 자리 잡을 것이다. 채용은 한 번으로 끝나는 것이 아니라 채용 이후의 인력이나 조직을 어떻게 관리하느냐가 더욱 중요하다. 이전 세대와 확연히 다른 특성을 보이는 밀레니얼 세대가 조직에 잘 적응할 수 있도록 커리어 관리와 조직 문화가 중요한 이슈로 대두되고 있다. 이에 기업들은 빠르게 변하는 세대교체에 있어 새로운 인재들이 기존의 인력들과 잘 융합할 수 있는가에 대한 부분을 중요하게 보고 있다.

셋째, 유능하고 경쟁력 있는 핵심 인력은 한정되어 있고 이들은 자신들의 직업 선택에 대해 더욱 강한 주도권을 갖기를 원한다. 바야흐로 4차 산업혁명 시대를 맞아 기술의 발전 속도가 급속히 빨라진 데 반하여 필요한 기술을 갖춘 인력은 충분하지 않다. 따라서 기업의 실적과 평판, 리더의 역량, 인사 관리 및 기업 문화가 이에 맞추어 진화하지 않는다면 새로운 채용 경쟁 환경에서 도태될 수밖에 없다. 어떤 회사도 인재 경쟁에서 뒤처지기를 원하지 않을 것이다.

장기적 로드맵

"장기적 로드맵을 가져라"라는 말에 당장 현실도 불안한데 장기적인 로드맵이 소용이 있을까 하는 질문을 할 수 있다. 하지만 이것은 이상이 아니라 미래를 위한 가장 확실한 현실이다.

주변의 지인들에게 "요즘 어떻게 지내?"라는 안부를 물을 때면 그들은 "그냥 회사에서 버티는 거지. 잘 살아남아야지." 하고 대답한다. 이 대답은 안타깝고 슬프다.

20년 전 처음으로 입사할 때를 돌이켜 보면 20년 후에 회사에서 살아남기 위해 버티는 사람을 꿈꾸지는 않았다. 내가 품었던 꿈은 글로벌 회사의 전 세계적인 비즈니스의 책임자로서 일하는 것이었고 그것을 위해 꾸준히 달렸다. 나 또한 경쟁과 도전에 지칠 때 "되는대로 흘러가라"라고 그만두고 싶을 때도 있었다. 그러나 계획하고 정한 목적지에 도달하기 전에 미리 포기한다면 그것은 내 삶의 이정표를 잃고 헤매는 것과 같다고 생각했다.

회사에 입사하여 새로운 시작을 하는 사람에게도, 꿈을 향해 차근히 과정을 밟아 나아가고 있는 인재들에게도 자신에 대한 장기적인 로드맵은 매우 중요하다. 그것은 이루고 싶은 미래를 위해 달려가는 것 이상의 의미가 있다. 장기적인 또는 단기적인 목표들은 삶의 원동력과 지표가 되고, 하는 일에 대한 목적이 되어 더 커다란 가치와 의미를 갖게 된다. 그러한 장기적 로드맵이 없다면 오늘 하루도 목표 없이 살아가는 것과 같다.

부자가 되고 싶다면, 부자의 삶이란 어떤 것인가에 대한 의미와 정의를 하고 있어야 한다. 부자가 되기 위해서 돈을 벌 수 있는 모든 합법적인 수단과 방법에 노력과 열정을 쏟아야 한다. 내가 글로벌 회사의 최고 마케팅 책임자가 되고 싶다면, 글로벌 회사의 최고 마케팅 책임자에 대한 명확한 개념을 가지고 그것을 위해 어떠한 준비와 어떠한 과정이 필요한지를 명확히 알아야 한다. 혹시라도 내가 정한 목표가 계획대로 이루어지지 않더라도 포기하지 않을 굳건한 신념을 가지고 여정을 떠나야 한다는 것이다. 자신의 길은 결코 누군가가 대신 만들어 줄 수 없다. 자신이 목표하고 정한 길에 신념과 열정과 노력을 집중할 때 주변의 환경과 사람들은 내가 가고자 하는 방향으로 나에게 순풍을 불어 줄 것이다.

장기적인 로드맵은 10년 단위로 삶의 목적을 설정해 보는 것이 좋다. 이러한 목표는 한 번의 설정으로 끝나는 것이 아니라 매년 자신을 돌아보며 점검하고, 과정과 방법을 조정하고 개선해 나가는 것이다. 10년 후 목적지에 도달하는 길은 다양하다. 그 목적지에 이르는 길 가운데는 웅덩이가 있을 수도 있고 때로는 막다른 골목을 만나기도 할 것이다. 이때마다 나의 길을 점검하고 돌아갈 것인지, 피해갈 것인지, 아니면 정면으로 돌파할 것인지를 선택할 것이다. 이때에도 최종 목적지는 바뀌어서는 안된다. 시간이 조금 걸릴 수도, 아니 생각보다 빨리 목적지에 다다를 수도 있다. 다만 그 길을 떠날 때 다시 돌아가지 않을 마음으로 떠나자. 매일 나의 목적지를 생각하고 하루하루 걷다 보면 나는 어느새인가 그 곳에 도달해 있을 것이다.

기업으로서도 인재 채용을 위한 새로운 로드맵이 필요하다. 이제는 채용이라는 개념을 단순히 인력 고용이 아니라 총체적 인재 개발의 관점에서 접근해야 한다. 사전 심사에서부터 신규 인력이 조직에 안전하게 정착할 때까지 종합적이고 체계적인 전략과 방침을 세워 일관적으로 수행하는 것이 중요하다.

기업이 로드맵을 그리기에 앞서 고려해야 할 중요한 사항들이 있다.

첫째, 기업 내 주요 관계자들이 인재 확보의 중요성에 공감하고 그에 대한 같은 마음으로 원하는 인재에 대해 한 방향으로 의견을 수렴할 수 있어야 한다. 기업의 인재들이 채용 이후 적응 및 안착하는 일이 인사부서의 일로만 생각해서는 안 된다. 하나의 큰 조직 문화에 융화될 수 있도록 전사적 관점에서의 인재 채용 및 정착 프로세스가 진행되어야 한다.

둘째, 전체 채용 프로세스가 유기적으로 시행되어야 한다. 인재를 필요로 하는 해당 부서와 상호 연결된 유관부서의 핵심 관계자들이 새로운 인재 채용의 방향과 기준에 대해 협력하고 종합적인 채용 요구에 부합될 수 있도록 프로세스를 유기적으로 결합하여야 한다.

셋째, 중요한 것은 연속성이다. 인재를 채용하고 정착 및 유지하는 일은 한두 번의 경험이나 성공으로 이루어지는 것이 아니다. 지속적이고 일관성 있게 추진 되어질 때 성공적 인재 확보를 지속해서 이룰 수 있다. 모든 기업의 중요한 첫 시작은 짐 콜린스가 제

시한 바로 '최고의 인재를 현장에 배치하라'

'Put the Best Team On the Field' 임을 기억하자.

THE MAP

10년 커리어 플랜					OUTPUTS
Stage 1 Build Up	Stage 2 Grow Up	Stage 3 On Stage	Stage 4 Outstanding	Stratosphere	Top 매니지먼트
			지속 유지 가능 성장 주도 미래 성장 동력 개발 위기 관리 조직 문화 발전 회사 비전 강화 인재 확보 및 유지 리더로서의 롤모델	핵심 역량의 선순환	사업 조직 영향력
		회사 사업 성과 기여 사업 성장 플랜 주도 조직 리더쉽 확대 주요 회사 의사 결정 새로운 인재 개발			
직무 스킬 역량 키우기 업무 프로세스 이해 조직 문화 적응	팀 프로젝트 리딩 코칭 프로세스 리더쉽 훈련				장기 지속성

● 커리어 맵핑 예시

BE A STORY-TELLER

글을 쓰기 시작할 때 이것을 과연 끝낼 수 있을까 생각했었다.

이제 마지막 장에서는 나 "자신의 브랜드 스토리를 만들라"는 당부로 마무리를 하고자 한다.

모든 사람에게는 나만의 고유한 스토리가 있다. 그것이 나의 직업에 관한 것일 수도, 가족에 관한 것일 수도, 나의 삶에 대한 이야기일 수도 있다. 어떠한 것이든 좋다. 나만이 가진 스토리이면 된다. 세상에 하나밖에 없는 나의 브랜드 스토리이다. 이제부터 나만의 스토리를 하나씩 만들어 가는 연습을 하기를 바란다.

학교에서 발표할 때, 회사에서 프레젠테이션할 때, 청중들 앞에서 강연할 때 등 나만의 이야기를 꺼내야 할 중요한 순간은 반드시 찾아온다. 그러한 순간은 자신을 다음 단계로 성장시키는 중요한 기회가 된다. 나만의 진실된 스토리는 나 뿐만 아니라 사람들의 마음을 변화시킬 수 있는 의미 있는 도구가 되기 때문이다.

생각해보라! 목표를 향해 가고 있는 여정에서 생각지도 못한 기회가 찾아올 수 있다. 예고도 없이 회사의 CEO 앞에서 프레젠테이션을 할 기회가 찾아올 수도 있다. 그러나 이러한 기회가 모두에게 오는 것이 아니다. 내 삶의 모습이 기회에 적합하다고 객관적으로 평가되고 인정될 때 찾아온다. 그 기회에서 나의 스토리를 자신 있게 이야기할 수 있는가?

장황하게 살아온 인생의 이야기를 하라는 것이 아니다.

회사에 입사하게 된 이유와 목표, 나의 일에 대한 열정과 사랑, 앞으로 성장하고 발전하고 싶은 방향, 단점과 도전을 극복해 나가는 방법, 내가 몸담은 회사가 발전하는 데 이바지할 방법 등이 나만의 스토리가 될 수 있다. 이러한 나만의 이야기들은 자신을 고유하고 주체적으로 만드는 퍼스널 브랜드를 창출해 낼 수 있는 소재가 되는 것이다. 그러한 소재들에 나의 생각과 가치관의 의미를 부여하고, 그것을 이야기로 만들 수 있다면 앞으로 찾아올 기회에 보다 더 준비된 사람이 될 수 있다. 찾아온 기회에 나만의 스토리를 자신 있게 말할 수 있고 상대방을 움직일 수 있는 인재가 되어보자. 나의 스토리는 나 이외에 많은 사람이 공감하는 것은 물론 사람들을 함께 이끌어갈 수 있는 큰 원동력이 된다. 이 커다란 힘은 앞으로 지금의 나를 어디까지 이끌어줄 수 있을지 상상하기 힘들 정도로 무한하다.

얼마 전 미국에서 소개된 영화 '포드 vs 페라리'를 매우 인상 깊게 보았다. 이 영화는 1960년대 전성기를 구가한 '포드 자동차'와 이탈리아 스포츠카의 자존심 '페라리'와의 인수 관계와 레이싱에서의 경쟁 관계를 소재로 다루고 있다. 그러나 두 회사는 영화의 배경일 뿐, 결국 최고의 자동차를 만들어 전 세계 카레이싱 대회인 '르망 24'에 도전하며 자신들의 인생을 건 두 남자의 열정에 관한 이야기이다. 이 영화에서 포드사의 자동차 디자인과 개발을 책임진 '맷 데이먼(케롤 셸비 역)'이 말한 명대사가 기억이 난다.

"제 아버지는 이렇게 말씀하셨습니다. 자기가 하고 싶은 일을 하는 사람은 가장 운이 좋은 사람이다. 평생 일을 하지 않고도 살 수 있기 때문이다."

내가 원하고 나만이 만들어 갈 수 있는 인생의 길을 스스로 결정하고 이루어 가는 사람들은 그 누구보다 비교할 수 없이 행복할 수 있다.

글로벌 인재들에게 응원을 보내며 마지막 말을 전한다!

"나는 내가 상상하는 그 이상의 존재이다."

내 상상 이상을 마음껏 탐험하고 내 삶을 실현해 나가자.

(상) 2013년 타코벨 미국 본사 (하) 2019년 트렉월드 스피치

에필로그

이 책을 마무리하며

2019년 1월, 한국으로 돌아온 후 첫 번째 맞이하는 새해 – 그동안의 커리어를 돌아보며 하고 싶었던 이야기를 써 내려가기 시작하였다. 나를 지금의 자리에 올려놓은 동기와 목표와 비전 그리고 내 커리어의 성장 과정을 돌아보며 이것을 책으로 엮어보자는 결심을 내리기까지 일 년여의 시간이 지났다.

결심하지 못하고 있을 때 나를 이끌어 준 것은 "이 책이 누구를 위한 것인가? 어떠한 가치를 만들 수 있는가?"에 대한 질문들이었다.

이것을 적으면서 작은 바람이 있다면 이 책을 통해 어려운 취업 환경과 치열한 산업 경쟁 속에서 살아가는 젊은이들에게 구체적 소망을 주는 것이다. 마음속 깊이 원하고 추구하는 '내 삶의 목표'는 반드시 이루어진다는 믿음과 확신을 심어 주고 싶다.

20여 년 전 내가 사회에 첫발을 내딛던 때의 사회 및 경제적 환경은 지금과 매우 다르다. 그러나 1997년 우리나라의 IMF 편입, 글로벌 금융위기 등의 20세기 위태롭고 힘든 경제 환경 속에서 끊임없이 기회를 찾고 노력하고, 과감하게 도전을 해가는 과정은 쉽지 않았다.

이때 나를 이끌어준 힘은 나의 목표 이외에 또 하나가 있었다. 나는 목표와 꿈이 분명하고 열정이 남달랐지만 그런 나를 끝까지 이끌어주고 쓰러지지 않도록 세워준 것은 하나님이셨다.

나는 꿈꾸는 요셉과 같았다. 꿈에 대한 약속이나 비전은 분명하였고 주어진 상황에서 언제나 성실했다. 나에게 상상하지도 못했던 기회가 주어지고, 능력 밖의 일이라 가능성이 없어 보였던 일들에서 큰 성공을 거두고, 때로는 위험천만한 위기 가운데에서도 희망과 신념의 끈을 놓지 않도록 한 것은 나와 함께 하시는 하나님 때문이었다. 돌아보면 나에게는 자랑할 만한 스펙과 능력도, 든든한 후원자도 없었다. 내가 할 수 있는 일은 나의 부족함과 낮음을 인정하고 모든 삶을 주관하시는 하나님을 믿고 맡기고 따르는 것뿐이었다. 내가 할 수 없는 한계를 인정하고 믿음으로 나아갈 때마다 그 믿음은 현실이 되어 내 앞에 펼쳐졌다.

무조건 믿고 기도하라는 말을 전하려는 것은 아니다. 꿈꾸고 이루고 싶은 목표를 가지고 끊임없이 소망하고 노력하고 준비할 때 기회가 찾아온다. 하지만 나에게는 흔들리지 않는 돛을 내릴 믿음이 필요하다. 하나님께서는 사람을 통해서 이 세상의 일을 이루어 가신다. 그리고 준비된 사람, 열정 있는 사람, 흔들림 없는 사람을 통해 목적을 이루신다. 나는 그렇게 나의 삶의 현장에서 쓰임을 받았다. 나에게 찾아올 때를 위해서, 나를 만드시고 이끄시는 창조 주께서 목적에 맡게 사용하시도록 하나님의 온전한 도구가 되기를 소망한다. 아울러 이 책을 읽는 모든 사람에게 하나님의 축복이 가득하기를 바라면서 글을 마치고자 한다.

마지막으로, 이 책이 완성되기까지 사랑과 믿음의 힘으로 나를 지켜준 아내 하정과 두 딸 희원, 재원에게 이 작은 책을 선물하고 싶다. 앞으로 두 딸의 미래에 있어서 이 책이 올바른 방향을 제시하는 도구가 되었으면 한다. 그리고 이 책을 마지막까지 변하지 않는 신뢰로 발행할 수 있도록 도움을 준 동료 이즈컴 석지훈, 코스모노바 오상익 대표에게 깊은 감사의 마음을 전한다.

시작이 확신이 될 때

초판발행 2020년 5월 20일

지은이 | 진정태
편 집 | 오상익

마케팅 | 이즈컴 출판사
디자인 | SEED 디자인
펴낸곳 | 이즈컴 출판사
등 록 | 제 2020-000053 호
주 소 | 서울시 중구 충무로13 5층 502호
전 화 | 02-2271-2136
전자우편 | iscomm@iscomm.co.kr

Published by ISCOMM, Printed in Korea
© 이즈컴, 2020

이책의 저작권은 이즈컴에 있습니다.
저작권법에 의해 보호를 받는 저작물이므로 무단 복제 및 무단 전재를 금합니다.

이 책에 의견이나 오탈자 및 잘못된 내용에 대한 수정 정보는 이즈컴 출판사로 알려주십시오. 잘못된 책은 구입하신 서점에서 교환해 드립니다.

ISBN 979-11-970361-0-1 03320

이 도서의 국립중앙도서관 출판예정도서목록(CIP)은 서지정보유통지원시스템 홈페이지(http://seoji.nl.go.kr)와 국가자료종합목록 구축시스템(http://kolis-net.nl.go.kr)에서 이용하실 수 있습니다. (CIP제어번호 : CIP2020018009)